अगर मैं शे'र न कहता

अगर मैं शे'र न कहता

अ'ब्बास ताबिश

BOOKS
राजकमल प्रकाशन

BOOKS
राजकमल प्रकाशन

रेख़्ता बुक्स
बी-37, सेक्टर - 1, नोएडा
उत्तर प्रदेश - 201301

rekhtabooks@rekha.org
www.rekhtabooks.com
www.rajkamalprakashan.com

अगर मैं शे'र न कहता
अ'ब्बास ताबिश

ISBN : 978-93-91080-87-7

प्रथम संस्करण : 2021
पुनर्मुद्रण : 2021

फ़ॉन्ट : योगेश यूनि
मुद्रक : थॉमसन प्रेस (इंडिया) लिमिटेड

आवरण एवं पुस्तक सज्जा
सुरेश पंवार, रेख़्ता

सहयोग राशि : ₹199

MIX
Paper
FSC FSC® C010615

एक और नया क़दम

'रेख़्ता फ़ाउन्डेशन' का बुनियादी काम, उर्दू शाइ'री के शब्द और अर्थ की ख़ूबसूरती, रंग-रस, संगीत, स्पर्श और ज़ाइक़े को ज़ियादा से ज़ियादा लोगों तक पहुँचाना और उन्हें इसके सम्पर्क में लाना है। इसीलिए 'रेख़्ता' वेबसाइट पर, उर्दू शाइ'री को दुरुस्त पाठ और मे'यारी चयन के साथ देवनागरी और रोमन लिपियों में भी पेश किया गया, ताकि उर्दू लिपि न जानने वाले उर्दू दोस्त भी अपनी महबूब शाइ'री के रचना-संसार में दाख़िल हो सकें।

यही मक़्सद 'रेख़्ता बुक्स' की स्थापना का भी प्रेरणा-स्रोत रहा है, जो बुनियादी तौर पर उर्दू शाइ'री और उसके प्रेमियों के दर्मियान किताब का पुल बनाने का प्रकाशन-प्रॉजेक्ट है। आगे चलकर इसका दायरा बढ़ाते हुए, दीगर विधाओं, ख़ास तौर पर कथा साहित्य, आत्म-कथाओं, यात्रा-वृत्तांतों वग़ैरह को भी इस प्रॉजेक्ट का हिस्सा बनाया जाएगा।

'ग़ज़ल उसने छेड़ी' शीर्षक के तहत, अब तक की अहम उर्दू शाइ'री का एक विस्तृत संकलन देवनागरी लिपि में प्रस्तुत करने के बा'द, 'रेख़्ता हर्फ़-ए-ताज़ा सीरीज़' की सूरत में एक और पेशक़दमी की गई जो उर्दू शाइ'री की मौजूदा नई रचनात्मक संभावनाओं को रूनुमाई का मौक़ा' देने पर केंद्रित है। इस सिलसिले को कुछ और फैलाते हुए, अब कल और आज के स्थापित, महत्वपूर्ण और प्रतिनिधि शाइ'रों का कलाम इन्तिख़ाब की शक्ल में पेश करने का एक नया सिलसिला हाज़िर है जिसका आग़ाज़ अलग अलग अन्दाज़-ओ-अदा वाले समसामयिक शाइ'रों से किया जा रहा है। जल्द ही इस सिलसिले

के तहत, बहुत से ख़ुश-गो और ख़ुश-फ़िक्र शाइ'रों का कलाम पेश-ए-ख़िदमत किया जाएगा। उम्मीद है कि उर्दू शाइ'री के बा-ज़ौक़ पाठकों में हमारी ये पेशकश भी मक़्बूल होगी।

संजीव सराफ़

संस्थापक, रेख़्ता फ़ाउन्डेशन

फ़ेह्रिस्त

1.	दश्त में प्यास बुझाते हुए मर जाते हैं	16
2.	पानी आँख में भर कर लाया जा सकता है	17
3.	हँसने नहीं देता कभी रोने नहीं देता	18
4.	ये अ'जब साअ'त-ए-रुख़्सत है कि डर लगता है	19
5.	मेरी तन्हाई बढ़ाते हैं चले जाते हैं	20
6.	पाँव पड़ता हुआ रस्ता नहीं देखा जाता	21
7.	आँख पे पट्टी बाँध के मुझको तन्हा छोड़ दिया है	23
8.	दी है वहशत तो ये वहशत ही मुसलसल हो जाए	24
9.	तेरे लिए सब छोड़ के तेरा न रहा मैं	25
10.	कोई मिलता नहीं ये बोझ उठाने के लिए	26
11.	बहुत बे-कार मौसम है मगर कुछ काम करना है	27
12.	बैठता उठता था मैं यारों के बीच	28
13.	कोई टकरा के सुबुक-सर भी तो हो सकता है	29
14.	न तुझसे है न गिला आस्मान से होगा	30
15.	याद कर कर के उसे वक़्त गुज़ारा जाए	31
16.	खा के सूखी रोटियाँ पानी के साथ	32
17.	वो आने वाला नहीं फिर भी आना चाहता है	33
18.	वो चाँद हो कि चाँद सा चेहरा कोई तो हो	34
19.	टूट जाने में खिलौनों की तरह होता है	35
20.	ऐसे तो कोई तर्क सुकूनत नहीं करता	36

21. चाँद को तालाब मुझको ख़्वाब वापस कर दिया 37

22. मकाँ भर हमको वीरानी बहुत है 38

23. तेरी आँखों से अपनी तरफ़ देखना भी अकारत गया 39

24. रातें गुज़ारने को तिरी रहगुज़र के साथ 40

25. फ़क़त माल-ओ-ज़र-ए-दीवार-ओ-दर अच्छा नहीं लगता 41

26. मह-रुख़ जो घरों से कभी बाहर निकल आए 43

27. साँस के हम-राह शो'ले की लपक आने को है 44

28. एक मुश्किल सी ब-हर-तौर बनी होती है 45

29. दहन खोलेंगी अपनी सीपियाँ आहिस्ता आहिस्ता 46

30. कस कर बाँधी गई रगों में दिल की गिरह तो ढीली है 47

31. तेरी रूह में सन्नाटा है और मिरी आवाज़ में चुप 48

32. ये किसके ख़ौफ़ का गलियों में ज़ह्र फैल गया 59

33. झिलमिल से क्या रब्त निकालें कश्ती की तक़दीरों का 50

34. निगाह-ए-अव्वलीं का है तक़ाज़ा देखते रहना 51

35. सदा-ए-ज़ात के ऊँचे हिसार में गुम है 52

36. बचपन का दौर अ'ह्द-ए-जवानी में खो गया 53

37. एक क़दम तेग़ पे और एक शरर पर रक्खा 54

38. मकाँ-भर हमको वीरानी बहुत है 55

39. तिलिस्म-ए-ख़्वाब से मेरा बदन पत्थर नहीं होता 56

40. साँस के शोर को झंकार न समझा जाए 58

41. शायद किसी बला का था साया दरख़्त पर 59

42. अ'जीब तौर की है अब के सरगिरानी मिरी 60

43. हवा-ए-तेज़ तिरा एक काम आख़िरी है 61
44. इतना आसाँ नहीं मसनद पे बिठाया गया मैं 63
45. डूब कर भी न पड़ा फ़र्क़ गिराँ-जानी में 64
46. पस-ए-दुआ' न रहें क्यों उदासियाँ मेरी 65
47. अभी से लाए हो क्यों दिल की राह पर उसको 66
48. इसीलिए तो ये शामें उजड़ने लगती हैं 67
49. बिछड़ के हमसे जो खोए गए हैं राह के बीच 68
50. दिल दुखों के हिसार में आया 69
51. ये हमको कौन सी दुनिया की धुन आवारा रखती है 70
52. ये बादलों में सितारे उभरते जाते हैं 71
53. ये करिश्मे भी हुए हुस्न की बौछारों से 72
54. चाँद ने अब्र में चेहरे को छुपा रक्खा है 73
55. मुझ तही-जाँ से तुझे इन्कार पहले तो न था 74
56. इ'श्क़ ही कार-ए-मुसलसल हो गया 75
57. हमें पछाड़ के क्या हैसियत तुम्हारी थी 76
58. फिर भटकता फिर रहा हूँ हिज्र-ए-मौसम के लिए 77
59. ये शह्र रोज़ ही बसता है रोज़ उजड़ता है 78
60. बे-सदा ठहरे होंठ खोल के हम 79
61. कौन कहता है कि वो भूलता जाता है मुझे 80
62. वो भूलता है न दिल में उतारता है मुझे 81
63. धुँधली सम्तों में अगर कूँज का पर मिल जाए 82
64. ये हिज्र का मौसम भी गुज़र क्यों नहीं जाता 83

65. चमकेगा शजर पर न मिरे घर में रहेगा 84
66. आँख लगते ही मिरी नींद उड़ाने लग जाएँ 85
67. दहकते दिन में अ'जब लुत्फ़ उठाया करता था 86
68. जब इन्तिज़ार के लम्हे पिघलने लगते हैं 87
69. दिल-बस्तगी-ए-शौक़ के सामान बँधे हैं 88
70. दुखों का दश्त आँखों का समुन्दर छोड़ आया हूँ 89
71. जिस तरह रन्ज में आँखों की नमी का होना 90
72. कैसा रंग-ओ-रौशनी का क़हर है 91
73. सारी दुनिया में मिरे जी को लगा एक ही शख़्स 91
74. तेरा होकर कोई कब तेरे सिवा होता है 94
75. शामिल मिरे ग़ुबार में सहरा अगर न हो 95
76. जला रहेगा इक दिया बुझे दियों के दर्मियाँ 97
77. मेरे आ'साब मुअ'त्तल नहीं होने देंगे 98
78. इक चटाई थी मिरी एक पियाला था मिरा 99
79. उदास दिल के पास इन्तिज़ाम कैसे आ गया 100
80. ग़ज़ब करेंगे हमारा सुकूत तोड़ेंगे 101
81. क्यों-कर दिखाई देवे कोई शरर हमारा 102
82. मैं उसकी नामुरादी को ग़म-ए-हासिल समझता हूँ 105
83. हम जुड़े रहते थे आबाद मकानों की तरह 106
84. हर एक हाथ में पत्थर है क्या किया जाए 107
85. ये उस पे है मुझे कितना लहू-लहू करेगा 108
86. मिट्टी-मिट्टी हो कर भी वो आँखों में भर आते हैं 109

87.	कुछ इसलिए भी हमारा निशाना बनता है	110
88.	अब के मुम्किन है वो चादर ही फ़राहम हो जाए	111
89.	गुज़र रही है उदासी की शाम काग़ज़ पर	112
90.	मैं जब भी हर्फ़ की हुज्जत तमाम करने लगा	113
91.	ख़ुद को बेशक मिरे आ'साब पे तारी न समझ	114
92.	हमें ही दर-ब-दरी को बचाना पड़ता है	115
93.	ज़िन्दगी उसकी सर-ए-दश्त बसर हो जाए	116
94.	जो भी मिन-जुम्ला-ए-अश्जार नहीं हो सकता	117
95.	हमने चुप रह के जो एक साथ बिताया हुआ है	118
96.	देखें हमें जो शोर ज़रूरी समझते हैं	119
	तन्हा शे'र	120

ग़ज़लें

दश्त[1] में प्यास बुझाते हुए मर जाते हैं
हम परिन्दे कहीं जाते हुए मर जाते हैं
1 जंगल रेगिस्तान

हम हैं सूखे हुए तालाब पे बैठे हुए हंस
जो तअ'ल्लुक़ को निभाते हुए मर जाते हैं

घर पहुँचता है कोई और हमारे जैसा
हम तिरे शह्र से जाते हुए मर जाते हैं

किस तरह लोग चले जाते हैं उठ कर चुप-चाप
हम तो ये ध्यान में लाते हुए मर जाते हैं

उनके भी क़त्ल का इल्ज़ाम[1] हमारे सर है
जो हमें ज़ह्र पिलाते हुए मर जाते हैं
1 दोष

ये मोहब्बत की कहानी नहीं मरती लेकिन
लोग किरदार निभाते हुए मर जाते हैं

हम हैं वो टूटी हुई कश्तियों वाले 'ताबिश'
जो किनारों को मिलाते हुए मर जाते हैं

पानी आँख में भर कर लाया जा सकता है
अब भी जलता शह्र बचाया जा सकता है

एक मोहब्बत और वो भी नाकाम मोहब्बत
लेकिन इससे काम चलाया जा सकता है

दिल पर पानी पीने आती हैं उम्मीदें
इस चश्मे में ज़ह्र मिलाया जा सकता है

मुझ गुमनाम से पूछते हैं फ़र्हाद-ओ-मज्नूँ[1]
इ'श्क़ में कितना नाम कमाया जा सकता है

1 प्रेम-कथा के नायक

ये महताब[1] ये रात की पेशानी[2] का घाव
ऐसा ज़ख़्म तो दिल पर खाया जा सकता है

1 चाँद 2 माथा

फटा-पुराना ख़्वाब है मेरा फिर भी 'ताबिश'
इस में अपना आप छुपाया जा सकता है

हँसने नहीं देता कभी रोने नहीं देता
ये दिल तो कोई काम भी होने नहीं देता

तुम माँग रहे हो मिरे दिल से मिरी ख़्वाहिश
बच्चा तो कभी अपने खिलोने नहीं देता

मैं आप उठाता हूँ शब-ओ-रोज़[1] की ज़िल्लत[2]
ये बोझ किसी और को ढोने नहीं देता

1 रात और दिन 2 रुस्वाई

वो कौन है उससे तो मैं वाक़िफ़[1] भी नहीं हूँ
जो मुझको किसी और का होने नहीं देता

1 जानना, अवगत, परिचित

ये अ'जब साअ'त-ए-रुख़्सत[1] है कि डर लगता है
शह्र का शह्र मुझे रख़्त-ए-सफ़र[2] लगता है
1 जुदाई का वक़्त 2 सफ़र का सामान, मुसाफ़िर का सामान

रात को घर से निकलते हुए डर लगता है
चाँद दीवार पे रक्खा हुआ सर लगता है

हमको दिल ने नहीं हालात ने नज़्दीक किया
धूप में दूर से हर शख़्स शजर[1] लगता है
1 पेड़

जिस पे चलते हुए सोचा था कि लौट आऊँगा
अब वो रस्ता भी मुझे शह्र-बदर लगता है

मुझसे तो दिल भी मोहब्बत में नहीं ख़र्च हुआ
तुम तो कहते थे कि इस काम में घर लगता है

वक़्त लफ़्ज़ों[1] से बनाई हुई चादर जैसा
ओढ़ लेता हूँ तो सब ख़्वाब हुनर लगता है
1 शब्दों

इस ज़माने में तो इतना भी ग़नीमत[1] है मियाँ
कोई बाहर से भी दरवेश अगर लगता है
1 ठीक, अच्छा, काम चलाऊ

अपने शजरे कि वो तस्दीक़[1] कराए जा कर
जिसको ज़न्जीर पहनते हुए डर लगता है

1 सत्यापित

एक मुद्दत से मिरी माँ नहीं सोई 'ताबिश'
मैंने इक बार कहा था मुझे डर लगता है

मेरी तन्हाई बढ़ाते हैं चले जाते हैं
हंस तालाब पे आते हैं चले जाते हैं

इसलिए अब मैं किसी को नहीं जाने देता
जो मुझे छोड़ के जाते हैं चले जाते हैं

मेरी आँखों से बहा करती है उनकी ख़ुश्बू
रफ़्तगाँ[1] ख़्वाब में आते हैं चले जाते हैं
1 गुज़रे हुए लोग

शादी-ए-मर्ग का माहौल बना रहता है
आप आते हैं रुलाते हैं चले जाते हैं

कब तुम्हें इ'श्क़ पे मज्बूर किया है हमने
हम तो बस याद दिलाते हैं चले जाते हैं

आपको कौन तमाशाई समझता है यहाँ
आप तो आग लगाते हैं चले जाते हैं

हाथ पत्थर को बढ़ाऊँ तो सगान[1]-ए-दुनिया
हैरती[2] बन के दिखाते हैं चले जाते हैं
1 कुत्ते 2 आश्चर्यचकित

पाँव पड़ता हुआ रस्ता नहीं देखा जाता
जाने वाले तिरा जाना नहीं देखा जाता

तेरी मर्ज़ी है जिधर उँगली पकड़ कर ले जा
मुझसे अब तेरे अ'लावा नहीं देखा जाता

ये हसद है कि मोहब्बत की इजारा-दारी[1]
दर्मियाँ अपना भी साया नहीं देखा जाता

1 एकाधिकार

तू भी ऐ शख़्स कहाँ तक मुझे बर्दाश्त करे
बार-बार एक ही चेहरा नहीं देखा जाता

ये तिरे चाहने वाले भी अ'जब हैं जानाँ
इ'श्क़ करते हैं कि होता नहीं देखा जाता

ये तेरे बा'द खुला है कि जुदाई क्या है
मुझसे अब कोई अकेला नहीं देखा जाता

आँख पे पट्टी बाँध के मुझको तन्हा छोड़ दिया है
ये किसने सहरा में लाकर सहरा छोड़ दिया है

जिस्म की बोरी से बाहर भी कभी निकल आऊँगा
अभी तो इस पर ख़ुश हूँ उसने ज़िन्दा छोड़ दिया है

ज़ेह्न मिरा आज़ाद है लेकिन दिल का दिल मुट्ठी में
आधा उसने क़ैद रखा है आधा छोड़ दिया है

जहाँ दुआ' मिलती थी अल्लाह जोड़ी सलामत[1] रक्खे
मैंने तेरे बा'द उधर से गुज़रना छोड़ दिया है

1 सुरक्षित, महफ़ूज़

चारों शाने चित मिट्टी पर गिरा पड़ा हूँ 'ताबिश'
जाने किसने दूसरी जानिब रस्सा छोड़ दिया है

दी है वहशत[1] तो ये वहशत ही मुसलसल हो जाए
रक़्स[2] करते हुए अतराफ़[3] में जंगल हो जाए

1 दीवानगी, उलझन, डर 2 नाच, नृत्य 3 इर्द-गिर्द, आस-पास

ऐ मिरे दश्त-मिज़ाजो ये मिरी आँखें हैं
इनसे रूमाल भी छू जाए तो बादल हो जाए

चलता रहने दो मियाँ सिलसिला दिलदारी का
आ'शिक़ी दीन नहीं है कि मुकम्मल हो जाए

हालत-ए-हिज्र[1] में जो रक़्स नहीं कर सकता
उसके हक़ में यही बेहतर है कि पागल हो जाए

1 जुदाई 2 नाच, नृत्य

मेरा दिल भी किसी आसेब-ज़दा[1] घर की तरह
ख़ुद-ब-ख़ुद खुलने लगे ख़ुद ही मुक़फ़्फ़ल[2] हो जाए

1 प्रेत / प्रेतात्मा ग्रस्त 2 ताला लगना

डूबती नाव में सब चीख़ रहे हैं 'ताबिश'
और मुझे फ़िक्र ग़ज़ल मेरी मुकम्मल हो जाए

तेरे लिए सब छोड़ के तेरा न रहा मैं
दुनिया भी गई इ'श्क़ में तुझसे भी गया मैं

इक सोच में गुम हूँ तिरी दीवार से लग कर
मन्ज़िल पे पहुँच कर भी ठिकाने न लगा मैं

वर्ना कोई कब गालियाँ देता है किसी को
ये उसका करम[1] है कि तुझे याद रहा मैं
1 कृपा

मैं तेज़ हवा में भी बगूले की तरह था
आया था मुझे तैश मगर झूम उठा मैं

इस दर्जा मुझे खोखला कर रक्खा था ग़म ने
लगता था गया अब के गया अब के गया मैं

ये देख मिरा हाथ मिरे ख़ून से तर है
ख़ुश हो कि तिरा मद्द-ए-मुक़ाबिल[1] न रहा मैं
1 प्रतिद्वंदी

इक धोके में दुनिया ने मिरी राय तलब की
कहते थे कि पत्थर हूँ मगर बोल पड़ा मैं

अब तैश में आते ही पकड़ लेता हूँ पाओं
इस इ'श्क़ से पहले कभी ऐसा तो न था मैं

कोई मिलता नहीं ये बोझ उठाने के लिए
शाम बेचैन है सूरज को गिराने के लिए

अपने हम-ज़ाद[1] दरख़्तों में खड़ा सोचता हूँ
मैं तो आया था इन्हें आग लगाने के लिए
1 साथ पैदा होने वाला

मैंने तो जिस्म की दीवार ही ढाई है फ़क़त[1]
क़ब्र तक खोदते हैं लोग ख़ज़ाने के लिए
1 केवल

दो पलक बीच कभी राह न पाई वर्ना
मैंने कोशिश तो बहुत की नज़र आने के लिए

लफ़्ज़[1] तो लफ़्ज़ यहाँ धूप निकल आती है
तेरी आवाज़ की बारिश में नहाने के लिए
1 शब्द

किस तरह तर्क-ए-तअ'ल्लुक़[1] का मैं सोचूँ 'ताबिश'
हाथ को काटना पड़ता है छुड़ाने के लिए
1 संबंध तोड़ना

बहुत बे-कार मौसम है मगर कुछ काम करना है
कि ताज़ा ज़ख़्म मिलने तक पुराना ज़ख़्म भरना है

अभी सादा वरक़[1] पर नाम तेरा लिख के बैठा हूँ
अभी इसमें महक आनी है तितली ने उतरना है

1 पन्ना

बढ़े जो हब्स[1] तो शाख़ें[2] हिला देना कि अब हमको
हवा के साथ जीना है हवा के साथ मरना है

1 घुटन 2 टहनी

मबादा[1] उसको दिक़्क़त हो निशाने तक पहुँचने में
सो मैंने फूल से दीवार के रख़्ने[2] को भरना है

1 ईश्वर न करे 2 झरोखा, छेद

यही इक शग़्ल[1] रखना है अज़ियत[2] के दिनों में भी
किसी को भूल जाना है किसी को याद करना है

1 काम, व्यस्तता 2 यातना

कोई चेहरा न बन पाया मुक़द्दर[1] की लकीरों से
सो अब अपनी हथेली में मुझे ख़ुद रंग भरना है

1 भाग्य

कोई रस्ता मिले क्योंकर मिरे पा-ए-ख़जालत[1] को
यहाँ तो पाँव धरना भी कोई इल्ज़ाम[2] धरना है

1 शर्मिंदगी के पाँव 2 दोष

वो हर लम्हा दुआ' देते हैं लम्बी उ'म्र की 'ताबिश'
मुझे लगता है प्यारों को भी रुख़्सत मैंने करना है

बैठता उठता था मैं यारों के बीच
हो गया दीवार दीवारों के बीच

जानता हूँ कैसे होती है सहर
ज़िन्दगी काटी है बीमारों के बीच

मेरे इस कोशिश में बाज़ू कट गए
चाहता था सुल्ह तल्वारों के बीच

वो जो मेरे घर में होता था कभी
अब वो सन्नाटा है बाज़ारों के बीच

तुमने छोड़ा तो मुझे ये ताएराँ[1]
भर के ले जाएँगे मिन्क़ारों[2] के बीच

1 चिड़ियों का झुण्ड 2 चोंच

तुझको भी इसका कोई एहसास है
तेरी ख़ातिर ठन गई यारों के बीच

कोई टकरा के सुबुक-सर[1] भी तो हो सकता है
मेरी ता'मीर[2] में पत्थर भी तो हो सकता है

1 अपमानित 2 नींव

क्यों न ऐ शख़्स तुझे हाथ लगा कर देखूँ
तू मिरे वह्म[1] से बढ़ कर भी तो हो सकता है

1 भ्रम

तू ही तू है तो फिर अब जुम्ला जमाल-ए-दुनिया[1]
तेरा शक और किसी पर भी तो हो सकता है

1 संसार की सुंदरता

ये जो है फूल हथेली पे इसे फूल न जान
मेरा दिल जिस्म से बाहर भी तो हो सकता है

शाख़ पर बैठे परिन्दे को उड़ाने वाले
पेड़ के हाथ में पत्थर भी तो हो सकता है

क्या ज़रूरी है कि बाहर ही नुमू[1] हो मेरी
मेरा खिलना मिरे अन्दर भी तो हो सकता है

1 विकास, उगना, बढ़ना

ये जो है रेत का टीला मिरे क़दमों के तले
कोई दम में मिरे ऊपर भी तो हो सकता है

क्या ज़रूरी है कि हम हार के जीतें 'ताबिश'
इ'श्क़ का खेल बराबर भी तो हो सकता है

न तुझसे है न गिला आस्मान से होगा
तिरी जुदाई का झगड़ा जहान से होगा

तुम्हारे मेरे तअ'ल्लुक़[1] का लोग पूछते हैं
कि जैसे फ़ैस्ला मेरे बयान से होगा

1 संबंध

अगर यूँही मुझे रक्खा गया अकेले में
बरामद[1] और कोई उस मकान से होगा

1 प्राप्त

जुदाई तय थी मगर ये कभी न सोचा था
कि तू जुदा भी जुदागाना[1] शान से होगा

1 अलग

गुज़र रहे हैं मिरे दिन इसी तफ़ाख़ुर[1] में
कि अगला क़ैस मिरे ख़ानदान से होगा

1 गर्व

याद कर कर के उसे वक़्त गुज़ारा जाए
किसको फ़ुर्सत है वहाँ कौन दोबारा जाए

शक सा होता है हर इक पे कि कहीं तू ही न हो
अब तिरे नाम से किस किसको पुकारा जाए

साइरा तुझको बहुत याद हैं उसकी बातें
क्यों न कुछ वक़्त तिरे साथ गुज़ारा जाए

जिस तरह पेड़ को बढ़ने नहीं देती कोई बेल
क्या ज़रूरी है मुझे घेर के मारा जाए

ऐ'न मुम्किन है कि हो उससे इ'लाज-ए-वहशत[1]
शह्र में ज़ोर से इक नाम पुकारा जाए

1 पागलपन का इलाज

उस हसीं शख़्स की ख़ातिर जो कहा है 'ताबिश'
कम है इस शे'र को जितना भी सँवारा जाए

खा के सूखी रोटियाँ पानी के साथ
जी रहा था कितनी आसानी के साथ

यूँ भी मन्ज़र को नया करता हूँ मैं
देखता हूँ उसको हैरानी के साथ

घर में इक तस्वीर जंगल की भी है
राब्ता[1] रहता है वीरानी के साथ

1 संबंध

आँख की तह में कोई सहरा न हो
आ रही है रेत भी पानी के साथ

ज़िन्दगी का मसअला कुछ और है
शे'र कह लेता हूँ आसानी के साथ

वो आने वाला नहीं फिर भी आना चाहता है
मगर वो कोई मुनासिब[1] बहाना चाहता है
1 उचित

ये ज़िन्दगी है ये तो है ये रोज़गार के दुख
अभी बता दे कहाँ आज़माना चाहता है

कि जैसे उससे मुलाक़ात फिर नहीं होगी
वो सारी बातें इकट्ठी बताना चाहता है

मैं सुन रहा हूँ अँधेरे में आहटें कैसी
ये कौन आया है और कौन जाना चाहता है

उसे ख़बर है कि मज्नूँ को रास है जंगल
वो मेरे घर में भी पौदे लगाना चाहता है

वो ख़ुद-ग़रज़[1] है मोहब्बत के बाब[2] में 'ताबिश'
कि एक पल के ए'वज़[3] इक ज़माना चाहता है
1 स्वार्थी 2 अध्याय, / संदर्भ 3 बदले

वो चाँद हो कि चाँद सा चेहरा कोई तो हो
इन खिड़कियों के पार तमाशा कोई तो हो

लोगो इसी गली में मिरी उ'म्र कट गई
मुझको गली में जानने वाला कोई तो हो

मुझको तो अपनी ज़ात का इस्बात[1] चाहिए
होता है और मेरे अलावा कोई तो हो

1 प्रमाणित करना

जिस सम्त[1] जाइए वही दरिया है सामने
इस शह्र से फ़रार का रस्ता कोई तो हो

1 ओर, दिशा में

अपने सिवा भी मैं कोई आवाज़ सुन सकूँ
वो बर्ग-ए-ख़ुश्क[1] हो कि परिन्दा कोई तो हो

1 सूखा पत्ता

यूँही ख़याल आता है बाँहों को देख कर
इन टहनियों पे झूलने वाला कोई तो हो

हम इस उधेड़-बुन में मोहब्बत न कर सके
ऐसा कोई नहीं मगर ऐसा कोई तो हो

मुश्किल नहीं है इ'श्क़ का मैदान मारना
लेकिन हमारी तरह निहत्ता कोई तो हो

टूट जाने में खिलौनों की तरह होता है
आदमी इ'श्क़ में बच्चों की तरह होता है

इसलिए मुझको पसन्द आता है सहरा का सुकूत[1]
इसका नश्शा तिरी बातों की तरह होता है

1 शान्ति

हम जिसे इ'श्क़ में देते हैं ख़ुदा का मन्सब[1]
पहले-पहले हमीं लोगों की तरह होता है

1 पद, प्रतिष्ठा

जिससे बनना हो तअ'ल्लुक़[1] वही ज़ालिम पहले
ग़ैर होता है न अपनों की तरह होता है

1 संबंध

चाँदनी-रात में सड़कों पे क़दम मत रखना
शह्र जागे हुए नागों की तरह होता है

बस यही देखने को जागते हैं शह्र के लोग
आस्माँ कब तिरी आँखों की तरह होता है

उससे कहना कि वो सावन में न घर से निकले
हाफ़िज़ा[1] इ'श्क़ का साँपों की तरह होता है

1 याददाश्त

उसकी आँखों में उमड आते हैं आँसू 'ताबिश'
वो जुदा चाहने वालों की तरह होता है

ऐसे तो कोई तर्क[1] सुकूनत[2] नहीं करता
हिजरत वही करता है जो बैअ'त[3] नहीं करता

1 छोड़ना 2 निवास 3 वफ़ादारी का प्रण

ये लोग मुझे किसलिए दोज़ख़[1] से डराएँ
मैं आ'शिक़ी करता हूँ इ'बादत नहीं करता

1 नर्क

हम सिलसिला-दारों के हो क्यों जान के दरपै
काफ़िर उसे कहिए जो मोहब्बत नहीं करता

लगता है यहाँ मौत नहीं आनी किसी को
इस शह्र में अब कोई वसिय्यत नहीं करता

ये मुझको बताते हैं ग़ज़ालान-ए-तरह-दार[1]
अच्छा वही रहता है जो वहशत नहीं करता

1 सुंदर हिरण

'ताबिश' का क़यामत से यक़ीं उठ न गया हो
कुछ दिन से वो ज़िक्र-ए-क़द-ओ-क़ामत[1] नहीं करता

1 सुंदर व्यक्तित्व की चर्चा

चाँद को तालाब मुझको ख़्वाब वापस कर दिया
दिन-ढले सूरज ने सब अस्बाब[1] वापस कर दिया

1 कारण का उर्दू बहुवचन, सामान

इस तरह बिछड़ा कि अगली रौनक़ें[1] फिर आ गईं
उसने मेरा हल्क़ः-ए-अहबाब[2] वापस कर दिया

1 चहल-पहल 2 दोस्तों का गिरोह, मित्र-मंडली

फिर भटकता फिर रहा है कोई बुर्ज-ए-दिल[1] के पास
किसको ऐ चश्म-ए-सितारा-याब[2] वापस कर दिया

1 दिल का गुम्बद 2 सितारों की तरह चमकदार आँखें

मैंने आँखों के किनारे भी न तर होने दिए
जिस तरफ़ से आया था सैलाब वापस कर दिया

जाने किस दीवार से टकरा के लौट आई है गेंद
जाने किस दीवार ने महताब[1] वापस कर दिया

1 चाँद

फिर तो उसकी याद भी रक्खी न मैंने अपने पास
जब किया वापस तो कुल अस्बाब वापस कर दिया

इल्तिजाएँ[1] कर के माँगी थी मोहब्बत की कसक
बे-दिली ने यूँ ग़म-ए-नायाब[2] वापस कर दिया

1 विनय, याचना 2 अनोखा दुख

मकाँ भर हमको वीरानी बहुत है
मगर ये दिल कि सैलानी बहुत है

हमारे पाँव उल्टे हैं सो हमको
पलट जाने में आसानी बहुत है

सितारे चोर आँखों से न देखें
ज़मीं पर मेरी निगरानी बहुत है

अभी सूखी नहीं मिट्टी की आँखें
अभी दरियाओं में पानी बहुत है

अ'जब सी शर्त है ये ज़िन्दगी भी
जो मनवाई है कम मानी बहुत है

ज़रूरत ही नहीं दुश्मन की 'ताबिश'
मुझे मेरी तन-आसानी[1] बहुत है

1 आलस्य

तेरी आँखों से अपनी तरफ़ देखना भी अकारत[1] गया
या'नी पहचान का ये नया सिलसिला भी अकारत गया
1 व्यर्थ

यूँ हिनाई[1] लकीरें उड़ीं अजनबी ताएरों[2] की तरह
पर-बुरीदा[3] सा रंग-ए-कफ़-ए-सद-हिना भी अकारत गया
1 मेंहदी लगा, मेंहदी जैसा 2 पक्षी 3 पंख कटा हुआ

अब खुला है कि मेरा तिरे रंग में तेरे अन्दाज़ में
बोलना ही नहीं देखना सोचना भी अकारत गया

सुन रहा हूँ अभी तक मैं अपनी ही आवाज़ की बाज़गश्त[1]
या'नी इस दश्त में ज़ोर से बोलना भी अकारत गया
1 गूँज

वो जुलेख़ाई ख़्वाहिश[1] ही अपने सबब[2] से पशेमाँ न थी
सातवें दर के अंदर मिरा हौस्ला भी अकारत गया
1 इच्छा 2 कारण 3 पछताना

कोई लौ तक न दी काले पेड़ों को इस आतिशीं[1] रक़्स[2] ने
या'नी जंगल में उस मोर का नाचना भी अकारत गया
1 आग 2 नाच, नृत्य

रातें गुज़ारने को तिरी रहगुज़र[1] के साथ
घर से निकल पड़ा हूँ मैं दीवार-ओ-दर के साथ

1 रास्ता

दस्तक[1] ने ऐसा हश्र[2] उठाया कि देर तक
लर्ज़ां[3] रहा है जिस्म भी ज़न्जीर दर के साथ

1 खटखटाना 2 प्रलय 3 कंपकंपाता हुआ

कश्कोल[1] थामते हैं कफ़-ए-ए'तिबार से
करते हैं हम गदागरी[2] लेकिन हुनर के साथ

1 भिक्षा-पात्र 2 भीख माँगना

अब किस तरह ये टोकरी सर पे उठाऊँ मैं
सूरज पड़ा हुआ है मिरे बाम-ओ-दर[1] के साथ

1 घर की छत और दरवाज़े

सूरज उसी तरह है ये महताब[1] उसी तरह
ढलते रहे हैं यार ही शाम-ओ-सहर[2] के साथ

1 चाँद 2 शाम और शुब्ह

यूँ है मिरी उड़ान पे भारी मिरा वजूद
जैसे ज़मीं बँधी हो मिरे बाल-ओ-पर के साथ

'ताबिश' मुझे सफ़र की रिवायत[1] का पास था
सो मैं भी रह बना के चला रहगुज़र के साथ

1 परंपरा

फ़क़त[1] माल-ओ-ज़र-ए-दीवार-ओ-दर[2] अच्छा नहीं लगता
जहाँ बच्चे नहीं होते वो घर अच्छा नहीं लगता
1 केवल 2 घर की संपत्ति

मिरे दुख तक मिरे ख़ूँ और पसीने की कमाई हैं
तुम्हें क्यों मेरी मेहनत का समर[1] अच्छा नहीं लगता
1 फल

शिकस्ता[1] सत्र चाहे रंग-ओ-बू-ए-पैरहन[2] ठहरे
किसी सूरत मुझे इज्ज़-ए-हुनर[3] अच्छा नहीं लगता
1 टूटा हुआ 2 लिबास, कुर्ता, क़मीज़ 3 प्रतिभा की असमर्थता

मयस्सर[1] हो न जब तक बू-ए-ताज़ा-तर की हमराही
हवा की तरह गलियों से गुज़र अच्छा नहीं लगता
1 उपलब्ध / प्राप्त / हासिल होना

रह-ए-तेशा-तलब तेरी मैं वो दीवार हूँ जिसको
न हो शोरीदगी[1] जिसमें वो सर अच्छा नहीं लगता
1 दीवानापन

गली में खेलते बच्चों के हाथों का मैं पत्थर हूँ
मुझे इस सहन का ख़ाली शजर[1] अच्छा नहीं लगता
1 पेड़

चमकता हूँ हर इक महताब-रू[1] के रू-ए-रौशन[2] में
मैं सूरज हूँ मुझे शब[3] का सफ़र अच्छा नहीं लगता
1 चाँद जैसा 2 चमकता चेहरा 3 रात

जिसे देखें वही फिर देखने की आरज़ू ठहरे
जिसे चाहें वही बार-ए-दिगर[1] अच्छा नहीं लगता

1 दुबारा

इसी ख़ातिर उसे 'ताबिश' उचकना चाहता हूँ मैं
मुझे तालाब की तह में क़मर[1] अच्छा नहीं लगता

1 चाँद

एक मुश्किल सी ब-हर-तौर बनी होती है
तुझसे बाज़ आएँ तो फिर ख़ुद से ठनी होती है

कुछ तो ले बैठती है अपनी शिकस्ता-पाई[1]
और कुछ राह में छाँव भी घनी होती है
1 पैरों का टूटा होना

मेरे सीने से ज़रा कान लगा कर देखो
साँस चलती है कि ज़न्जीर-ज़नी होती है

आबला-पाई[1] भी होती है मुक़द्दर अपना
सर पे अफ़्लाक[2] की चादर भी तनी होती है
1 पाँव के छाले 2 फ़लक का बहु, आस्मानों

दूध की नहर निकाली है ग़मों से हमने
हम बता सकते हैं क्या कोह-कनी होती है

आँख तो खुलती है किरनों की तलब में लेकिन
ज़ेब-ए-मिज़गाँ किसी नेज़े की अनी होती है

दश्त-ए-गुर्बत ही पे मौक़ूफ़[1] नहीं है 'ताबिश'
अब तो घर में भी ग़रीब-उल-वतनी[2] होती है
1 निर्भर 2 पलायन

दहन[1] खोलेंगी अपनी सीपियाँ आहिस्ता आहिस्ता
गुज़र दरिया से ऐ अब्र-ए-रवाँ[2] आहिस्ता आहिस्ता

1 मुंह 2 उड़ता हुआ बादल

लहू[1] तो इ'श्क़ के आग़ाज़[2] ही में जलने लगता है
मगर होंटों तक आता है धुआँ आहिस्ता आहिस्ता

1 ख़ून 2 आरंभ

पलटना भी अगर चाहें पलट कर जा नहीं सकते
कहाँ से चल के हम आए कहाँ आहिस्ता आहिस्ता

कहीं लाली भरी थाली न गिर जाए समुन्दर में
चला है शाम का सूरज कहाँ आहिस्ता आहिस्ता

अभी इस धूप की छतरी तले कुछ फूल खिलने दो
ज़मीं बदलेगी अपना आस्माँ आहिस्ता आहिस्ता

किसे अब टूट के रोने की फ़ुर्सत कार-ए-दुनिया[1] में
चली जाती है इक रस्म-ए-फ़ुग़ाँ[2] आहिस्ता आहिस्ता

1 दुनिया के काम 2 फ़र्याद

मिरे दिल में किसी हस्रत[1] के पस-अन्दाज़ होने तक
निमट ही जाएगा कार-ए-जहाँ आहिस्ता आहिस्ता

1 अपूर्ण इच्छा, अभिलाषा 2 दुनियावी काम

मकीं[1] जब नींद के साए में सुस्ताने लगें 'ताबिश'
सफ़र करते हैं बस्ती के मकाँ आहिस्ता आहिस्ता

1 निवासी, घर में रहने वाले, मकान में रहने वाला

कस कर बाँधी गई रगों में दिल की गिरह तो ढीली है
उसको देख के जी भर आना कितनी बड़ी तब्दीली है

ज़िन्दा रहने की ख़्वाहिश में दम-दम लौ दे उठता हूँ
मुझमें साँस रगड़ खाती है या माचिस की तीली है

उन आँखों में कूदने वालो तुमको इतना ध्यान रहे
वो झीलें पायाब[1] हैं लेकिन उनकी तह पथरीली है

1 कम गहरा पानी

कितनी सदियाँ सूरज चमका कितने दोज़ख़[1] आग जली
मुझे बनाने वाले मेरी मिट्टी अब तक गीली है

1 नर्क

ज़िन्दा हूँ तो मुझे बताएँ नीले होंटों वाले लोग
मेरा कैसा रंग करेगी बात जो मैंने पी ली है

मुम्किन है अब वक़्त की चादर पर मैं करूँ रफ़ू का काम
जूते मैंने गाँठ लिए हैं गुदड़ी मैंने सी ली है

तेरी रूह में सन्नाटा है और मिरी आवाज़ में चुप
तू अपने अन्दाज़ में चुप है मैं अपने अन्दाज़ में चुप

गाहे-गाहे साँसों की आवाज़ सुनाई देती है
गाहे-गाहे बज उठती है दिल के शिकस्ता-साज़ में चुप

सन्नाटे के ज़हर में बुझते लोगों को ये कौन बताए
जितना ऊँचा बोल रहे हैं उतनी है आवाज़ में चुप

इक मुद्दत से ख़ुश्क[1] पड़ा है वो झरना अंगड़ाई का
जाने किसने भर दी है उस पैकर-ए-नग़मा-साज़ में चुप

1 सूखा

रग-रग में जब ख़ून की बूँदें बुलबुल बन कर चहक उठीं
फिर दिल-ए-'हाफ़िज़' क्यों कर साधे सीने के शीराज़ में चुप

ये किसके ख़ौफ़[1] का गलियों में ज़ह्‌र फैल गया
कि एक ना'श[2] के मानिन्द शह्‌र फैल गया
1 डर 2 लाश

नहीं गिरफ़्त[1] में ता-हद्द-ए-ख़ाक का मन्ज़र
सिमट गईं मिरी बाँहें कि दह्‌र फैल गया
1 रोकना

तुझे क़रीब समझते थे घर में बैठे हुए
तिरी तलाश में निकले तो शह्‌र फैल गया

मैं जिस तरफ़ भी चला जाऊँ जान से जाऊँ
बिछड़ के तुझसे तो लगता है दह्‌र फैल गया

मकाँ मकान से निकला कि जैसे बात से बात
मिसाल-ए-क़िस्सा-ए-हिज्राँ[1] ये शह्‌र फैल गया
1 जुदाई, विरह

बचा न कोई तिरी धूप की तमाज़त[1] से
तिरा जमाल ब-अन्दाज़-ए-क़ह्‌र फैल गया
1 धूप की गर्मी

ये मौज-मौज बनी किसकी शक्ल सी 'ताबिश'
ये कौन डूब के भी लह्‌र-लह्‌र फैल गया

झिलमिल से क्या रब्त निकालें कश्ती की तक़दीरों का
तारे कश्फ़ नहीं कर सकते बे-आवाज़ जन्ज़ीरों का

हर नाकामी ने ऐसे भी कुछ दीवारें खींची हैं
इक बे-नक़्शा शह्र बना है ला-हासिल तदबीरों का

इक मुद्दत से क़र्या-ए-जाँ में झड़ते हैं झंकार के फूल
जैसे मेरे जिस्म के अन्दर मौसम हो ज़न्जीरों का

दूर से झुंड परिन्दों का लगते हैं ख़ेमे वालों को
किस अन्दाज़ का आना है ये आग छिड़कते तीरों का

रात गए जब तारे भी कुछ बे-मा'नी से लगते हैं
एक दबिस्ताँ[1] खुलता है उन आँखों की तफ़्सीरों का

1 पाठशाला

एक हथेली पर उसने महकाए हिना[1] के सुन्दर फूल
एक हथेली की क़िस्मत में लिक्खा दश्त[2] लकीरों का

1 मेंहदी 2 वीरान

निगाह-ए-अव्वलीं का है तक़ाज़ा[1] देखते रहना
कि जिसको देखना उसको हमेशा देखते रहना

1 आग्रह, ज़िद, माँग

न मुझको नींद आती है न दिल से बात जाती है
ये किसने कह दिया मुझसे कि रस्ता देखते रहना

अभी अच्छे नहीं लगते जुनूँ के पेच-ओ-ख़म[1] उसको
कभी इस रह से गुज़रेगी ये दुनिया देखते रहना

1 घुमाव, उलझाव

दिए की लौ न बन जाए तनाब[1]-ए-सरसरी उसकी
मैं दरिया की तरफ़ जाता हूँ ख़ेमा[2] देखते रहना

1 रस्सी 2 तंबू

कोई चेहरा ही मुम्किन है तुम्हारे जी को लग जाए
तमाशा देखने वालो तमाशा देखते रहना

कि अब तो देखने में भी हैं कुछ महवीयतें[1] ऐसी
कहीं पत्थर न कर डाले ये मेरा देखते रहना

1 तल्लीनता

सरिश्क-ए-ख़ूँ[1] कभी मिज़्गाँ[2] तलक आया नहीं फिर भी
किनारे आ लगे शायद ये दरिया देखते रहना

1 लहू के आँसू 2 पलक

निगाह-ए-सरसरी[1] 'ताबिश' मुहीत[2]-ए-हुस्न क्या होगी
जहाँ तक देखने का हो तक़ाज़ा[3] देखते रहना

1 सरसरी निगाह 2 फैला हुआ 3 1 आग्रह

सदा-ए-ज़ात[1] के ऊँचे हिसार[2] में गुम है
वो ख़ामुशी का मुसाफ़िर पुकार में गुम है

1 स्वत्व की आवाज़ 2 घेरा

वो शहर-ए-शब[1] के किनारे चराग़ जलता है
कि कोई सुब्ह मिरे इन्तिज़ार में गुम है

1 रात का शहर

ये कह रही हैं किसी की झुकी-झुकी आँखें
बदन की आँच नज़र के ख़ुमार में गुम है

हर एक सम्त[1] से उसको सदाएँ[2] आती हैं
मुझे पुकार के ख़ुद भी पुकार में गुम है

1 दिशा, ओर 2 आवाज़

नए चराग़ जला मुझको ढूँडने वाले
तिरी नज़र तो नज़र के ग़ुबार[1] में गुम है

1 मैल, धूल, गर्द

बचपन का दौर अ'ह्द[1]-ए-जवानी में खो गया
ये अम्र-ए-वाक़िआ' भी कहानी में खो गया

1 दौर, ज़माना

लहरों में कोई नक़्शा कहाँ पाएदार है
सूरज के बा'द चाँद भी पानी में खो गया

आँखों तक आ सकी न कभी आँसुओं की लहर
ये क़ाफ़िला भी नक़्ल-ए-मकानी[1] में खो गया

1 पलायन

अब बस्तियाँ हैं किसके तआ'क़ुब[1] में रात-दिन
दरिया तो आप अपनी रवानी[2] में खो गया

1 पीछा करना 2 बहाव

'ताबिश' का क्या कहें कि वो ज़ोहरा-गुदाज़ शख़्स
आतिश-फ़िशाँ[1] का फूल था पानी में खो गया

1 ज्वालामुखी

एक क़दम तेग़[1] पे और एक शरर[2] पर रक्खा
मेरी वहशत ने मुझे रक़्स-ए-दिगर[3] पर रक्खा

1 तल्वार 2 चिंगारी 3 दुबारा नृत्य करना

मेरे मालिक ने तुझे आइना-दारी दे कर
निगराँ तुझको मिरे हुस्न-ए-नज़र पर रक्खा

ला-त'अल्लुक़[1] नज़र आता था ब-ज़ाहिर[2] लेकिन
शहर को उसने मिरी ख़ैर-ख़बर पर रक्खा

1 संबंधहीन 2 ऊपर से, प्रकटतः

ज़िन्दगी तूने क़दम मोड़ दिए और तरफ़
और अन्दर से मुझे और सफ़र पर रक्खा

अहल-ए-वहशत[1] को मगर कौन बताता जा कर
हो गया नाफ़[2]-ए-ग़ज़ालीं[3] कोई घर पर रक्खा

1 दीवाने लोग 2 नाभि 3 हिरन

कोंपलें फूट पड़ीं दस्त-ए-दुआ'[1] से मेरे
दम-ए-आमीन जो मैं दीदा-ए-तर[2] पर रक्खा

1 दुआ' के हाथ 2 भीगी आँख

ख़त्म होती ही नहीं गिर्या-ओ-ज़ारी[1] उनकी
मीर ने हाथ तो हर लफ़्ज़ के सर पर रक्खा

1 रोना-धोना

मैंने इस डर से उसे तोड़ लिया है 'ताबिश'
सूख जाए न कहीं शाख़-ए-शजर[1] पर रक्खा

1 पेड़ की टहनी

मकाँ-भर हमको वीरानी बहुत है
मगर ये दिल कि सैलानी बहुत है

हमारे पाँव उल्टे हैं सो हमको
पलट जाने में आसानी बहुत है

सितारे चोर आँखों से न देखें
ज़मीं पर मेरी निगरानी बहुत है

अभी सूखी नहीं मिट्टी की आँखें
अभी दरियाओं में पानी बहुत है

अ'जब सी शर्त है ये ज़िन्दगी भी
जो मनवाई है कम मानी बहुत है

ज़रूरत ही नहीं दुश्मन की 'ताबिश'
मुझे मेरी तन-आसानी[1] बहुत है

1 आलस्य

तिलिस्म-ए-ख़्वाब[1] से मेरा बदन पत्थर नहीं होता
मिरी जब आँख खुलती है मैं बिस्तर पर नहीं होता
1 स्वप्न का जादू

यक़ीं आता नहीं तो मुझको या महताब[1] को देखो
कि रात उसकी भी कट जाती है जिसका घर नहीं होता
1 चाँद

जिधर देखूँ उधर ही देखता रहता हूँ पहरों तक
मुझे अतराफ़[1] का ख़ाली वरक़ अज़बर[2] नहीं होता
1 आस-पास 2 कंठस्थ, याद

खजूरें और पानी ले के आगे बढ़ता जाता हूँ
मगर ये कोह-ए-इम्काँ है कि मुझसे सर नहीं होता

कम-अज़-कम मुझसे दुनिया को शिकायत तो नहीं होगी
मैं इस जैसा ही बन जाऊँ अगर बेहतर नहीं होता

जवाज़[1] अपना बनाता हूँ किसी नादीदा[2] ख़ित्ते[3] में
जहाँ मेरी ज़रूरत हो वहाँ अक्सर नहीं होता
1 आधार, औचित्य 2 अनदेखा, अदृश्य 3 इ'लाक़े

बहाता हूँ कहीं अपने सिफ़ाल[1]-ए-बे-मुरक्कब को
मैं गिर्ये[2] के दिनों में चाक-ए-दुनिया पर नहीं होता
1 मिट्टी 2 रोना

गिला तो ख़ैर क्या होगा बस इतना तुमसे कहना है
तुम्हारी उ'म्र में कोई सितम-परवर नहीं होता

तो फिर यूँ है कि मैंने उसको चाहा ही नहीं 'ताबिश'
अगर उसकी शबाहत[1] का गुमाँ मुझ पर नहीं होता

1 झलक

साँस के शोर को झंकार न समझा जाए
हमको अन्दर से गिरफ़्तार न समझा जाए

उसको रस्ते से हटाने का ये मत्लब तो नहीं
किसी दीवार को दीवार न समझा जाए

मैं किसी और हवाले से उसे देखता हूँ
मुझको दुनिया का तरफ़-दार न समझा जाए

ये ज़मीं तो है किसी काग़ज़ी कश्ती जैसी
बैठ जाता हूँ अगर बार न समझा जाए

उसको आ'दत है घने पेड़ में सो जाने की
चाँद को दीदा-ए-बेदार न समझा जाए

अपनी बातों पे वो क़ाएम[1] नहीं रहता 'ताबिश'
उसके इन्कार को इन्कार न समझा जाए

1 अटल, अडिग

शायद किसी बला का था साया दरख़्त[1] पर
चिड़ियों ने रात शोर मचाया दरख़्त पर
1 पेड़

मौसम तुम्हारे साथ का जाने किधर गया
तुम आए और बौर न आया दरख़्त पर

देखा न जाए धूप में जलता हुआ कोई
मेरा जो बस चले करूँ साया दरख़्त पर

सब छोड़े जा रहे थे सफ़र की निशानियाँ
मैंने भी एक नक़्श बनाया दरख़्त पर

अब के बहार आई है शायद ग़लत जगह
जो ज़ख़्म दिल पे आना था आया दरख़्त पर

हम दोनों अपने अपने घरों में मुक़ीम[1] हैं
पड़ता नहीं दरख़्त का साया दरख़्त पर
1 ठहरना

अ'जीब तौर की है अब के सरगिरानी मिरी
मैं तुझको याद भी कर लूँ तो मेह्रबानी मिरी

मैं अपने आप में गहरा उतर गया शायद
मिरे सफ़र से अलग हो गई रवानी[1] मिरी

1 बहाव

बस एक मोड़ मिरी ज़िन्दगी में आया था
फिर इसके बा'द उलझती गई कहानी मिरी

तबाह हो के भी रहता है दिल को धड़का सा
कि राएगाँ न चली जाए राएगानी मिरी

मैं अपने बा'द बहुत याद आया करता हूँ
तुम अपने पास न रखना कोई निशानी मिरी

हवा-ए-तेज़ तिरा एक काम आख़िरी है
कि नख़्ल-ए-ख़ुश्क[1] पे माह-ए-तमाम आख़िरी है
1 सूखा पेड़

मैं जिस सुकून से बैठा हूँ इस किनारे पर
सुकूँ से लगता है मेरा क़याम[1] आख़िरी है
1 ठहराव, निवास

फिर इसके बा'द ये बाज़ार-ए-दिल नहीं लगना
ख़रीद लीजिए साहिब ग़ुलाम आख़िरी है

गुज़र चला हूँ किसी को यक़ीं दिलाता हुआ
कि लौह-ए-दिल पे रक़म[1] है जो नाम आख़िरी है
1 लिखा है

तभी तो पेड़ की आँखों में चाँद भर आया
किसी ने कह दिया होगा कि शाम आख़िरी है

ये लग रहा है मोहब्बत के पहले ज़ीने पर
कि जिस मक़ाम पे हूँ ये मक़ाम आख़िरी है

किसी ने फिर से खड़े कर दिए दर-ओ-दीवार
ख़याल था कि मिरा इन्हिदाम[1] आख़िरी है
1 गिराना, ढाना

हमारे जैसे वहाँ किस शुमार में होंगे
कि जिस क़तार[1] में मज्नूँ का नाम आख़िरी है

1 पंक्ति

शुरू-ए'-इ'श्क़ में ऐसी उदासियाँ 'ताबिश'
हर एक शाम ये लगता है शाम आख़िरी है

इतना आसाँ नहीं मसनद[1] पे बिठाया गया मैं
शह्र-ए-तोहमत तिरी गलियों में फिराया गया मैं

1 आसन

मेरे होने से यहाँ आई है पानी की बहार
शाख़-ए-गिर्या था सर-ए-दश्त[1] लगाया गया मैं

1 वीराने में

ये तो अब इ'श्क़ में जी लगने लगा है कुछ कुछ
इस तरफ़ पहले पहल घेर के लाया गया मैं

ख़ूब इतना था कि दीवार पकड़ कर निकला
उससे मिलने के लिए सूरत-ए-साया गया मैं

तुझसे कुछ कहने की हिम्मत ही नहीं थी वर्ना
एक मुद्दत तिरी दहलीज़[1] तक आया गया मैं

1 चौखट

ख़ल्वत-ए-ख़ास[1] में बुलवाने से पहले 'ताबिश'
आ'म लोगों में बहुत देर बिठाया गया मैं

1 एकांत, अकेलापन

डूब कर भी न पड़ा फ़र्क़ गिराँ-जानी में
मैं हूँ पत्थर की तरह बहते हुए पानी में

ये मोहब्बत तो बहुत बा'द का क़िस्सा है मियाँ
मैंने उस हाथ को पकड़ा था परेशानी में

रफ़्तगाँ[1] तुमने अ'बस[2] ढोंग रचाया वर्ना
इ'श्क़ को दख़्ल नहीं मौत की अर्ज़ानी[3] में

1 गुज़रे हुए लोग 2 बेकार 3 सस्ता होना, अधिकता

ये मोहब्बत भी विलायत की तरह रखती है
हालत-ए-हाल में ये हालत-ए-हैरानी में

इसलिए जल के कभी राख नहीं होता दिल
ये कभी आग में होता है कभी पानी में

इक मोहब्बत ही पे मौक़ूफ़[1] नहीं है 'ताबिश'
कुछ बड़े फ़ैसले हो जाते हैं नादानी में

1 निर्भर

पस-ए-दुआ' न रहें क्यों उदासियाँ मेरी
हिजाब[1] हैं मिरे मुंह पर हथेलियाँ मेरी

1 पर्दा

मुझे ये डर है कोई काट कर न ले जाए
बहिश्त-ए-ख़्वाब से बाहर हैं टहनियाँ मेरी

1 सपने का स्वर्ग

बस इतना हिस्सा है मेरा मकान-ए-हस्ती में
फ़सील[1] और किसी की है खिड़कियाँ मेरी

1 प्राचीर

अभी न डाल बुढ़ापे की ज़ुल्मतों[1] में मुझे
अभी न और बुझा मोम-बत्तियाँ मेरी

1 अँधेरा

न जाने कौन मिरा खो गया है मिट्टी में
ज़मीं कुरेदती रहती हैं उँगलियाँ मेरी

अभी से लाए हो क्यों दिल की राह पर उसको
भटकने देना था कुछ दिन इधर-उधर उसको

वो मुश्त-ए-ख़ाक[1] कि उड़ने से आश्ना[2] ही न थी
लगा दिए हैं तमन्ना ने बाल-ओ-पर उसको
1 मुट्ठी भर मिट्टी 2 दोस्त, मा'शूक़, प्रिचित

न जाने कब वो मुझे छोड़कर चला जाए
मैं ज़िन्दगी की तरह कर चुका बसर उसको

इस इख़्तिसार[1] की तफ़्सील[2] कौन देखेगा
बिखर गया हूँ मैं कितना समेट कर उसको
1 संक्षेप 2 विस्तार

न ख़्वाब ही से जगाया न इन्तिज़ार किया
हम इस दफ़ा' भी चले आए चूम कर उसको

वो जिसका नाम भी सुनना हमें पसन्द न था
किया है रोज़ के झगड़ों ने मो'तबर[1] उसको
1 विश्वसनीय, विश्वस्त

चला गया था वो कश्ती में बैठकर 'ताबिश'
हवा है शहर में क्या इसकी क्या ख़बर उसको

इसीलिए तो ये शामें उजड़ने लगती हैं
कि लौ बढ़ा के हवाएँ सुकड़ने लगती हैं

मैं कैसे अपने तवाज़ुन[1] को बरक़रार रखूँ
दम जमाऊँ तो साँसें उखड़ने लगती हैं

1 संतुलन

यूँही नहीं मुझे दरिया को देखने से गुरेज़[1]
सुना है पानी में शक्लें बिगड़ने लगती हैं

1 बचना, दूर जाना, हटना

इसीलिए तो हवा अपने घर नहीं जाती
कि उसके बा'द ये गलियाँ उजड़ने लगती हैं

रहें ख़मोश तो होंटों से ख़ूँ टपकता है
करें कलाम[1] तो खालें उधड़ने लगती हैं

1 बात

अगर मैं साँस भी आहिस्ता से न लूँ 'ताबिश'
मिरे बदन में दराड़ें सी पड़ने लगती हैं

बिछड़ के हमसे जो खोए गए हैं राह के बीच
सहर[1] हुए उन्हें देखोगे ख़ेमागाह के बीच

1 सुबह

हम एक दूजे से मिलने का ढंग भूल गए
ये सानिहा[1] भी हुआ शह्र-ए-दाद-ख़्वाह[2] की बीच

1 दुर्घटना 2 प्रशंसा पाना

कहाँ वो लोग जिन्हें जंगलों में शाम हुई
कहाँ वो अश्क[1] कि ठहरे रहे निगाह के बीच

1 आँसू

किसी ने मुझको पुकारा है मेरे लहजे में
ये इत्तिफ़ाक़ भी अक्सर हुआ है राह के बीच

वो साथ-साथ रहा बू-ए-गुलिस्ताँ[1] की तरह
घुमाया उसने बहुत दिल की सैरगाह के बीच

1 बाग़ की ख़ुश्बू

खुला कि गुम्बदे-ए-गर्दूं[1] के हम मुजाविर[2] हैं
जब एक उ'म्र गुज़ार आए ख़ानक़ाह[1] के बीच

1 आस्मान का गुम्बद 2 रखवाली करने वाला 3 सूफ़ियों का मठ, तपस्वियों का स्थान

दिल दुखों के हिसार[1] में आया
जब्र कब इख़्तियार में आया
1 घेरा

दे उसे भी फ़रोग़-ए-हुस्न की भीक
दिल भी लगकर क़तार में आया

ख़ूब है ये इकाई भी लेकिन
जो मज़ा इन्तिशार[1] में आया
1 बिखराव

देखता है न पूछता है कोई
अजनबी किस दयार में आया

ये तो जानें मुक़द्दरों[1] वाले
कौन किसके मदार[2] में आया
1 नसीबों, क़िस्मतों 2 धुरी

शाख़[1] पर एक फूल भी 'ताबिश'
मुझसे मिलने बहार में आया
1 टहनी

ये हमको कौन सी दुनिया की धुन आवारा रखती है
कि ख़ुद साबित-क़दम रह कर हमें सय्यारा[1] रखती है

1 ग्रह, तारा

अगर बुझने लगें हम तो हवा-ए-शाम-ए-तन्हाई[1]
किसी मेहराब में जाकर हमें दोबारा रखती है

1 अकेलेपन के शाम की हवा

चलो हम धूप जैसे लोग ही इसको निकाल आएँ
सुना है वो नदी तह में कोई महपारा रखती है

हमें किसी काम पर मा'मूर[1] करती है ये दुनिया भी
कि तरसील-ए-ग़म-ए-दिल[2] के लिए हरकारा[3] रखती है

1 भरा हुआ 2 ह्रदय के दुख को भेजना 3 1 दूत

कभी सर फोड़ने देती नहीं दीवार से 'ताबिश'
ये क्या दीवानगी है जो हमें नाकारा रखती है

ये बादलों में सितारे उभरते जाते हैं
कि आस्माँ को परिन्दे कतरते जाते हैं

तुम्हारे शह्‌र में तोहमत[1] है ज़िन्दा रहना भी
जिन्हें अ'ज़ीज़[2] थीं जानें वो मरते जाते हैं

1 आरोप, इल्ज़ाम 2 प्रिय

न जाने कब तुम्हें फ़ुर्सत मिलेगी आने की
तुम्हारे आने के दिन तो गुज़रते जाते हैं

कहा तो ये था कि छोड़ें अना[1] की मसनद[2] को
मगर ये लोग तो दिल से उतरते जाते हैं

1 स्वत्व, अभिमान, मैं, अहंकार 2 आसन

कहाँ से आई है 'ताबिश' ये सरफिरी आँधी
कि जिस क़दर भी दिए थे बिखरते जाते हैं

ये करिश्मे[1] भी हुए हुस्न की बौछारों से
पेड़ बनकर बदन उगने लगे दीवारों से

1 चमत्कार

क्यों न बे-क़ामती-ए-ख़ाक पे रोना आए
झुक के मिलता है फ़लक[1] शह्र के मिनारों से

1 आस्मान

किसकी बातों ने गले छेद दिए हैं अपने
गरदनें हम तो बचा लाए थे तल्वारों से

ये दुकानें तो उन्हें रोकती रह जाती हैं
जाने क्यों लोग गुज़र जाते हैं बाज़ारों से

फिर मुझे आने लगा तर्क-ए-सुकूनत[1] का ख़याल
नदियाँ जैसे उतर आई हों कोहसारों से

1 निवास को छोड़ना

तूने उनको किसी क़ाबिल ही न समझा वर्ना
हुर्मत-ए-इ’श्क़ थी सब तेरे गुनहगारों से

आ पड़ी सह्न में क्यों उसकी जरूरत ‘ताबिश’
वो तो कहता था कि घर बनते हैं दीवारों से

चाँद ने अब्र[1] में चेहरे को छुपा रक्खा है
शायद उस घर के दरीचे में दिया रक्खा है

1 बादल

एक धुन है जो शब-ओ-रोज़[1] रवाँ रहती है
वर्ना अपना तो हर एक काम क्या रक्खा है

1 रात और दिन

जाग जाए न कहीं चाँद की आहट सुनकर
लोरियाँ देके समुन्दर को सुला रक्खा है

अ'र्सा-ए-पीरी है क्यों अगले क़दम की ठोकर
पाँव रक्खा है कि मिट्टी पे अ'सा[1] रक्खा है

1 लाठी

मुझ तही-जाँ से तुझे इन्कार पहले तो न था
तेरा दर मेरे लिए दीवार पहले तो न था

हुस्न ने सौंपी है ये कैसी नुगूँ-सारी[1] मुझे
मैं किसी का आईना बर्दार पहले तो न था

1 सर झुकाना

इस तरह तो पा-ब-जौलाँ[1] हम न फिरते थे कभी
उन गली कूचों में ये बाज़ार पहले तो न था

1 बेड़ियाँ पहने हुए

अब कहाँ से आई उस काफ़िर के दिल में रौशनी
आईना हल्क़ा-ब-गोश-ए-यार[1] पहले तो न था

1 महबूब में श्रद्धा रखने वाला

'ताबिश' इक दरयूज़ः-गर[1] को बाज़ रखने के लिए
कोई दरवाज़ा पस-ए-दीवार[2] पहले तो न था

1 भिखारी 2 दीवार के पीछे

इ'श्क़ ही कार-ए-मुसलसल हो गया
ज़िन्दगी का मस्अला हल हो गया

मेरे आँसू मिरे अन्दर ही गिरे
रोने से जी और बोझल हो गया

आस्माँ पहले नहीं था बे-सुतूँ
लेकिन अब दस्त-ए-दुआ'[1] शल हो गया

1 दुआ' के हाथ

मैंने भी उसको भुलाया और फिर
ख़ुश हुआ इतना कि पागल हो गया

पानियों पर आख़िरी हिचकी के साथ
एक अफ़्साना[1] मुकम्मल हो गया

1 कहानी

बर्फ़ के पेड़ों पे फूल आने लगे
राब्ता उससे मुअ'त्तल हो गया

घूमता फिरता है तन्हा रात को
सर्दियों का चाँद पागल हो गया

'ताबिश' अब तो सो ही जाना चाहिए
सामने का घर मुक़फ़्फ़ल[1] हो गया

1 ताला लगना

हमें पछाड़ के क्या हैसियत तुम्हारी थी
वो जंग तुम भी न जीते जो हमने हारी थी

और अब तुम्हें भी हर इक शख़्स अच्छा लगता है
गए दिनों में यही कैफ़ियत हमारी थी

हमारे चेहरे दम-ए-सुब्ह देखते आकर
कि हमने रात नहीं ज़िन्दगी गुज़ारी थी

बिछड़ गया वो जुदाई के मोड़ से पहले
कि इसके बा'द मोहब्बत में सिर्फ़ ख़्वारी[1] थी

1 अपमान

फिर भटकता फिर रहा हूँ हिज्र-ए-मौसम के लिए
ये ज़ियादा खो दिया मैंने किसी कम के लिए
1 मौसम की जुदाई

इस जहान-ए-ख़ाक से जो भी तअ'ल्लुक़ हो मिरा
ज़िन्दा रहना है मुझे इस रब्त-ए-मुब्हम[1] के लिए
1 अस्पष्ट, ग़ैरवाज़ेह संबंध, संपर्क

एक मम्नूआ' शजर[1] के साथ काटे ज़िन्दगी
जुर्म जैसी ये सज़ा है आल-ए-आदम के लिए
1 पेड़

इसका मत्लब है यहाँ अब कोई आएगा ज़रूर
दम निकलना चाहता है ख़ैर-मक़्दम के लिए

छन रही है धूप सी दीवार-ए-जाँ के इस तरफ़
मैं भी अब मौज़ूँ नहीं शायद तिरे ग़म के लिए

इस ख़िज़ाँ[1] में भी वही काग़ज़ के पुर्ज़े जोड़कर
इक शजर मैंने बनाया अपने मौसम के लिए
1 पतझड़

ख़्वाब मेरे यूँ हैं 'ताबिश' जिस तरह पानी पे रेत
ये शगुन अच्छा नहीं है दीदा-ए-नम[1] के लिए
1 भीगी आँखें

ये शह्र रोज़ ही बसता है रोज़ उजड़ता है
मगर ग़नीम को क्या इससे फ़र्क़ पड़ता है

ख़ुदा ने हम में ये क्या क़द्र-ए-मुश्तरक रक्खी
कि मेरी आँख तिरे लब[1] से फूल झड़ता है

1 होंठ

हमारे साथ मोहब्बत का जो सुलूक भी हो
सवाल ये है कि दुनिया का क्या बिगड़ता है

शिकस्तगी में भी मे'यार अपने होते हैं
गिरे मकान तो अपने ही पाँव पड़ता है

यही पसन्द नहीं है मुझे मोहब्बत में
ये रोज़-रोज़ जो दुनिया से काम पड़ता है

कुछ ऐसी जम गई सन्जीदगी मिरे रुख़ पर
किसी तरह से ये पत्थर नहीं उखड़ता है

अभी जले थे अभी बुझ-बुझा गए 'ताबिश'
हवाओं से तो कोई दम दिया भी लड़ता है

बे-सदा[1] ठहरे होंठ खोल के हम
आ चुके तंग बोल-बोल के हम

1 बे-आवाज़

सर पे माँ की दुआ' का साया नहीं
घर से निकले हैं झूट बोल के हम

अपने अन्दर भी इक तमाशा है
क्या करें खिड़कियों को खोल के हम

नाम उसका लिया नहीं जाता
बात करते हैं नाप तौल के हम

वो मिलेगा मगर मिलेगा किसे
उसे ढूँडेंगे ख़ुद को रोल के हम

शायद अपनी सदा सुनाई दे
देख लेते हैं ऊँचा बोल के हम

जो मिला उस पे मर मिटे 'ताबिश'
कितने अच्छे थे मेल-जोल के हम

कौन कहता है कि वो भूलता जाता है मुझे
अपने चेहरा न सही रह तो दिखाता है मुझे

सुब्ह के साथ मैं खो जाता हूँ बच्चे की तरह
शाम होते ही कोई ढूँड के लाता है मुझे

आप कुछ और बताते हैं मिरे बारे में
आईना और कोई शक्ल दिखाता है मुझे

आज इक उ'म्र में ये भेद खुला है मुझ पर
वो कोई और नहीं है जो डराता है मुझे

सर्द-मेह्‌री[1] में ये सूरज भी है तेरे जैसा
दूर ही दूर से जो देखता जाता है मुझे

1 उपेक्षा करना

ये न मैं हूँ न हवा है न क़ज़ा है 'ताबिश'
मेरे लहजे में कोई और बुलाता है मुझे

वो भूलता है न दिल में उतारता है मुझे
हमेशा मार मोहब्बत की मारता है मुझे

मैं उसका लम्हा-ए-मौजूद[1] हूँ मगर वो शख़्स
फ़ुजूल[2] वक़्त समझ कर गुज़ारता है मुझे

1 वर्तमान क्षण 2 अनावश्यक, व्यर्थ, बेकार

ब-ज़ाहिर[1] ऐसा नहीं पेड़ उस हवेली का
हवा चले तो बहुत फूल मारता है मुझे

1 प्रत्यक्षतः, स्पष्ट रूप से, प्रकट

मैं उसके हाथ से जाता हूँ माल-ओ-ज़र की तरह
वो रोज़ क़र्ज़ समझ कर उतारता है मुझे

धुँधली सम्तों[1] में अगर कूँज का पर मिल जाए
फिर तो ऐ दर-बदरी मुझको भी घर मिल जाए

1 दिशा, ओर

और ही रंग में हो बर्ग-ओ-समर[1] का होना
जिसकी ख़्वाहिश है मुझे वो भी अगर मिल जाए

1 पत्ते और फल

मुन्तज़िर[1] जिसका हूँ वो आए ज़रूरी तो नहीं
ये भी मुम्किन है कोई और ख़बर मिल जाए

1 प्रतीक्षारत

ख़ाक-ओ-ख़्वाब[1] एक ही थैली के हैं चट्टे-बट्टे
दिल की मर्ज़ी है जिधर चाहे उधर मिल जाए

1 मिट्टी और स्वप्न

एहतिमाम[1] ऐसा हो फ़ुर्सत के दिनों में दिल का
एक डर ख़त्म हो और दूसरा डर मिल जाए

1 व्यवस्था, आयोजन

इस तरह से न गुज़ारूँगा यक़ीनन तुझको
ज़िन्दगी तू जो मुझे बार-ए-दिगर[1] मिल जाए

1 दोबारा

ये हिज्र[1] का मौसम भी गुज़र क्यों नहीं जाता
जाता हुआ लगता है मगर क्यों नहीं जाता

1 विरह

बहता हूँ तो मेरी कोई गहराई भी होगी
दरिया की तरह ख़ुद में उतर क्यों नहीं जाता

लाज़िम है कि जागे कभी बच्चे की तरह भी
ये शह्र किसी ख़्वाब से डर क्यों नहीं जाता

मल्बे से निकल आता है आसेब की मानिन्द
लोगों की तरह ख़ौफ़[1] भी मर क्यों नहीं जाता

1 डर

इस कुन्ज[1] में मुद्दत से बहार आई नहीं है
ये बाग़ मिरी आँख में भर क्यों नहीं जाता

1 कोना

ये भेद भी खुलने न दिया दर-बदरी ने
घर के लिए जाता हूँ तो घर क्यों नहीं जाता

मल्बूस[1] से क्यों मिन्नत-ए-यकजाई है 'ताबिश'
मैं टूट चुका हूँ तो बिखर क्यों नहीं जाता

1 लिबास, पोशाक

चमकेगा शजर[1] पर न मिरे घर में रहेगा
वो चाँद है चाँद समुन्दर में रहेगा

1 पेड़

अब साँप के मानिन्द मिरे पीछे पड़ा है
शब[1] को यही साया मिरे पैकर[2] में रहेगा

1 रात 2 जिस्म, आकृति, आकार

ख़्वाहिश को ख़ुदा रिज़्क़[1] बहम करता है दिल में
लगता है ये कीड़ा उसी पत्थर में रहेगा

1 जीविका, रोज़ी

आए हैं तो सुस्ता के चले जाएँगे पंछी
वो पेड़ इसी तर्ह इसी घर में रहेगा

तारे भी तो महवर से निकल जाते हैं प्यारे
आख़िर कोई कब तक तिरे चक्कर में रहेगा

1 धुरी, केन्द्र

ये इ'श्क़ भी रहता नहीं लगता है 'ताबिश'
सर चढ़ के जो बोले वो कहाँ सर में रहेगा

आँख लगते ही मिरी नींद उड़ाने लग जाएँ
ख़्वाब चिड़ियों की तरह शोर मचाने लग जाएँ

हम कि गहराई में बहते हैं समुन्दर की तरह
जाने किस वक़्त तिरी सत्ह प आने लग जाएँ

ये भी मुम्किन है कोई रोकने वाला ही न हो
ये भी मुम्किन है यहाँ मुझको ज़माने लग जाएँ

इसी उम्मीद पे गुज़रे कई मौसम ख़ाली
शायद इस बार शजर[1] बौर उठाने लगा जाएँ

1 पेड़

देख ऐ हुस्न-ए-फ़रावाँ ये बहुत मुम्किन है
मेरा दिल तक न लगे तेरे ख़ज़ाने लग जाएँ

कार-ए-दुनिया भी अ'जब है मिरे घर वाले
दिन निकलते ही मिरी ख़ैर मनाने लग जाएँ

दहकते दिन में अ'जब लुत्फ़ उठाया करता था
मैं अपने हाथ का तित्ली पे साया करता था

अगर मैं पूछता बादल किधर को जाते हैं
जवाब में कोई आँसू बहाया करता था

मैं अपनी टूटती आवाज़ गाँठने के लिए
कहीं से लफ़्ज़[1] का पैवन्द लाया करता था

1 शब्द

अ'जीब हस्रत-ए-पर्वाज़[1] मुझमें होती थी
मैं कापियों में परिन्दे बनाया करता था

1 उड़ने की अपूर्ण इच्छा

तलाश-ए-रिज़्क़[1] में भटके हुए परिन्दों को
मैं जेब-ख़र्च से दाना खिलाया करता था

1 जीविका, रोज़ी

हमारे घर के क़रीब एक झील होती थी
और उसमें शाम को सूरज नहाया करता था

ये ज़िन्दगी तो मुझे तेरे पास ले आई
ये रास्ता तो कहीं और जाया करता था

जब इन्तिज़ार के लम्हे पिघलने लगते हैं
गली के लोग मिरे दिल पे चलने लगते हैं

मैं इसलिए भी परिन्दों से दूर भागता हूँ
कि उनमें रह के मिरे पर निकलने लगते हैं

कभी-कभी किसी बच्चे की रूह आती है
कभी-कभी मिरे घर गेंद उछलने लगते हैं

अ'जीब पेड़ हैं इनको हया[1] नहीं आती
हमारे सामने कपड़े बदलने लगते हैं

1 शर्म

वो हाथ-हाथ में आने की देर होती है
सितारे और किसी रुख़ पे चलने लगते हैं

जब आस्मान पे 'ताबिश' धनक उभरती है
हम अपने साथ छतों पर टहलने लगते हैं

दिल-बस्तगी-ए-शौक़ के सामान बँधे हैं
घर में कहीं पिंजरे कहीं गुलदान बँधे हैं

ये अपनी मोहब्बत तो दिखावे के लिए है
हम तुम तो कहीं और मिरी जान बँधे हैं

इस इ'श्क़ से पहले भी कोई और नहीं था
हम तुझसे तिरे हिज्र[1] के दौरान बँधे हैं

1 विरह

तुम काट न देना इसे बेकार समझ कर
इस पेड़ के नीचे कई पैमान[1] बँधे हैं

1 वचन, वा'दा

ये हम जो किसी तौर नहीं खुलते
तुझ हाथ की ख़ातिर बहुत आसान बँधे हैं

आ'लम[1] थे कई और भी मिट्टी के अ'लावा
क्या इसमें कशिश[2] थी कि यहाँ आन बँधे हैं

1 संसार 2 आकर्षण

इस शहृर को मा'लूम है परचम की रिवायत[1]
इस शहृर में नेज़ों पे गिरेबान बँधे हैं

1 परंपरा

दुखों का दश्त[1] आँखों का समुन्दर छोड़ आया हूँ
जो घर में ला न सकता था वो बाहर छोड़ आया हूँ

1 जंगल, वन, वीराना

तुम अगली बारिशों के बा'द जाकर देखना प्यारे
तुम्हारा नाम दीवारों पे लिखकर छोड़ आया हूँ

मोहब्बत की है उस घर में रिहाइश तो नहीं की है
अभी तो सिर्फ़ दरवाज़े पे बिस्तर छोड़ आया हूँ

तिरी बाँहों में आकर भी यही महसूस होता है
कि ख़ुद को वक़्त के रह्म-ओ-करम पर छोड़ आया हूँ

अभी कुछ देर में फैलेगी ख़ुश्बू सारी बस्ती में
वहाँ के इक दरीचे[1] में गुल-ए-तर[2] छोड़ आया हूँ

1 खिड़की, झरोखा 2 भीगे हुए फूल

ख़ुदा-न-ख़्वास्ता मैं भी अगर बनबास लूँ 'ताबिश'
वहाँ किसको बताऊँगा भरा घर छोड़ आया हूँ

जिस तरह रन्ज[1] में आँखों की नमी का होना
ऐसा होता है मोहब्बत में किसी का होना

1 दुख

क्यों न फिर उससे तअ'ल्लुक़ को निभाया जाए
जब किसी और का होना है उसी का होना

तेरा सूरज के क़बीले से तअ'ल्लुक़ तो नहीं
ये कहाँ से तुझे आया है सभी का होना

मुँह में उभरे हुए छाले की तरह है तिरा नाम
इतना आसाँ न समझ कम-सुख़नी का होना

इ'श्क़ दीमक की तरह चाट लिया करता है
अब ज़रूरी नहीं आशुफ़्ता-सरी होना

कैसा रंग-ओ-रौशनी का क़हर है
दिन ढले भी शहर में दोपहर है

आदमी अब भाग कर जाए कहाँ
शहर के चारों तरफ़ भी शहर है

मर गया है चाँद भी चिड़ियों के साथ
झील के पानी में कितना ज़हर है

हिज्र भी पलकें झपकने लग गया
इ'श्क़ की दुनिया में पिछला पहर है

बस यहीं तक है ये दरिया ख़ून का
इससे आगे तितलियों का शहर है

सारी दुनिया में मिरे जी को लगा एक ही शख़्स
एक ही शख़्स था ऐसा ब-ख़ुदा[1] एक ही शख़्स

1 ख़ुदा की क़सम

दर्जा-ए-कुफ़्र सही मदह-ए-जमाल-ए-जानाँ
दिल की पूछो तो ख़ुदा से भी बना एक ही शख़्स

ऐसा लगता है सभी इ'श्क़ किसी एक से थे
ऐसा लगता है मुझे मिलता रहा एक ही शख़्स

वो जो मैं उसकी मोहब्बत भी किसी और से की
उन दिनों शह्र का हर शख़्स लगा एक ही शख़्स

मैं तो ऐ इ'श्क़ तिरी कूज़ा-गरी[1] जानता हूँ
तूने हम दो को मिलाया तो बना एक ही शख़्स

1 बर्तन बनाना

मुझसे नाराज़ न होना मिरे अच्छे लोगो
क्या करूँ मेरी मोहब्बत ने चुना एक ही शख़्स

तू जो कहता है तिरे जैसे कई और भी हैं
तुझको दा'वा है तो फिर ख़ुद सा दिखा एक ही शख़्स

तू जिसे चाहता है मैं भी उसे चाहता हूँ
अच्छा लगता है मुझे तेरे सिवा एक ही शख़्स

दोस्त सबसे कहाँ खिंचता है ग़ज़ल का चिल्ला
हुज्र:-ए-मीर[1] में होता है सदा[2] एक ही शख़्स

1 मीर की कुटिया 2 सदैव

तेरा होकर कोई कब तेरे सिवा होता है
तू जो होता है जुदा किससे जुदा होता है

हालत-ए-हाल छुपाई नहीं जाती उससे
जब कोई शख़्स तुझे सोच रहा होता है

कर रहा होता हूँ मैं उससे मोहब्बत लेकिन
दिल उसे पाके कहीं खो भी चुका होता है

किस तलब से तिरी आँखों की तरफ़ देखता हूँ
जब तिरे ग़म का नशा टूट रहा होता है

यूँ तिरे शह्र में घबराया हुआ फिरता हूँ
जिस तरह पहले पहल इ'श्क़ हुआ होता है

मैं दिलाता हूँ यक़ीं और किसी को लेकिन
दिल किसी और के क़दमों में पड़ा होता है

शामिल मिरे ग़ुबार में सहरा अगर न हो
मुझसे तो इक क़दम भी ये वहशत[1] बसर न हो
1 दीवानगी, उलझन, डर

पत्थर ज़मीं पे फैंक के छींटे उड़ाऊँ मैं
गर मुझको तेरी झील सी आँखों का डर न हो

तुझसे नहीं मिला था मगर चाहता था मैं
तू हमसफ़र हो और कहीं का सफ़र न हो

ये कह के मेरे घर से फ़रिश्ते चले गए
वो कोई घर है जिसमें परिन्दों का घर न हो

दीदार[1] चाहता है तहज्जुद-गुज़ार-ए-इ'श्क़
या-रब क़ुबूलियत की घड़ी तक सहर[2] न हो
1 दर्शन 2 सुबह

तू जानता नहीं मिरे मालिक मकान को
ऐ दोस्त कोई चीज़ इधर की उधर न हो

तुझसे बिछड़ के इसलिए तेरा है इन्तिज़ार
वो कोई ज़िन्दगी है जो बार-ए-दिगर[1] न हो
1 दोबारा

आँखों का क्या बनेगा तिरे ख़ाल-ओ-ख़द[1] की ख़ैर
ऐ दोस्त ज़िन्दगी से ज़ियादा बसर न हो

1 नैन-नक़्श

'ताबिश' बज़ा'म-ए-ख़ुद जिन्हें इ'ज़्ज़त हुई नसीब[1]
वो चाहते हैं और कोई मो'तबर[2] न हो

1 भाग्य 2 विश्वसनीय, विश्वस्त

जला रहेगा इक दिया बुझे दियों के दर्मियाँ
वो हाथ हाथ में रहेगा आँधियों के दर्मियाँ

अ'जब तरह के लोग हैं कि ठीक तोड़ते नहीं
मगर ये मुझको ढूँडते हैं करछियों के दर्मियाँ

किसी में उसके ख़्वाब थे किसी में उसके ख़ाल-ओ-ख़द[1]
उसे न मैं भुला सका मोहब्बतों के दर्मियाँ
1 नैन-नक़्श

मकाँ के पाएँ बाग़ में सभा जमी थी याद की
मैं रात देर तक रहा गए हुओं के दर्मियाँ

चराग़ जल रहा है और जा रहे हैं छोड़कर
ये किस तरफ़ के लोग हैं मिरी सफ़ों[1] के दर्मियाँ
1 पंक्तियों

वो जिसके इन्तिज़ार में हमारी चौथी-पुश्त[1] है
वो फ़ैस्ला कभी तो होगा उन बड़ों के दर्मियाँ
1 चौथी पीढ़ी

मेरे आ'साब[1] मुअ'त्तल[2] नहीं होने देंगे
ये परिन्दे मुझे पागल नहीं होने देंगे

1 अ'सब का बहुवचन पुट्ठे, स्नायु 2 सुस्त, ढीला

तू ख़ुदा होने की कोशिश तो करेगा लेकिन
हम तुझे आँख से ओझल नहीं होने देंगे

ये जो इक बेल उदासी की उगी है घर में
हम उसे फैल के जंगल नहीं होने देंगे

यार इक बार परिन्दों को हुकूमत दे दो
ये किसी शह्र को मक़्तल[1] नहीं होने देंगे

1 वध-स्थल

ये जो चेहरे हैं यहाँ चाँद से चेहरे 'ताबिश'
ये मिरा इ'श्क़ मुकम्मल नहीं होने देंगे

इक चटाई थी मिरी एक पियाला था मिरा
आ'म हो कर भी यही ख़ास हवाला था मिरा

मैं कि नुक़्सान के मानिन्द मिला था ख़ुद को
इ'श्क़ करना ही मिरी जान इज़ाला[1] था मिरा

1 भरपाई, क्षतिपूर्ति

अब तुझे याद नहीं है तो दिला देता हूँ
इन दिनों एक जहाँ जानने वाला था मिरा

इ'श्क़ ने ज़ुल्म कमाने की इजाज़त ही न दी
वर्ना ये शहर-ए-सितम एक निवाला था मिरा

मुड़ते ही दश्त से दरगाह की जानिब 'ताबिश'
चाँद भी चाँद कहाँ पाँव का छाला था मिरा

उदास दिल के पास इन्तिज़ाम कैसे आ गया
ये ऐ'न दोपहर में वक़्त-ए-शाम कैसे आ गया

किनार-ए-जू[1] में सो रहा था अपना जाल फेंक कर
मिरी गिरफ़्त में मह-ए-तमाम कैसे आ गया
1 दरिया किनारे

पलट पड़ा हूँ मैं तो उनको इस पे ए'तिराज़ है
शफ़क़[1] के फूल तोड़ कर ग़ुलाम कैसे आ गया
1 क्षितिज, शाम के समय आस्मान की लाली

तो इतनी बात पर हमारे पाँव काट दोगे तुम
कि पा-ए-शिकस्तगाँ को ये ख़िराम[1] कैसे आ गया
1 आनन्दपूर्वक धीरे-धीरे चलना

मैं आधे रास्ते से ही पलट पड़ा न हूँ कहीं
वगर्ना उस तरफ़ से मैं तमाम कैसे आ गया

खिंचा नहीं है दार[1] पर तो बात कैसे बन गई
हुजूम[2] से निकल के ये ग़ुलाम कैसे आ गया
1 सूली 2 भीड़

ग़ज़ब करेंगे हमारा सुकूत[1] तोड़ेंगे
ये सानिहे[2] तो गुनहगार करके छोड़ेंगे

1 शान्ति 2 विपत्तियाँ, दुर्घटनाएँ

दुआ'एँ माँगने वालो हमारे साथ चलो
हम आज रात नदी में चराग़ छोड़ेंगे

नए सिरे से तअ'ल्लुक़ नहीं बनाएँगे हम
जहाँ से टूट गया था वहीं से जोड़ेंगे

हमारे बा'द कोई क्यों हमारे जैसा हो
हम अपना इ'श्क़ किसी और पर न छोड़ेंगे

मैं देखता हूँ तिरे हाथ और सोचता हूँ
ये मेरे दर्द से आसूदगी[1] निचोड़ेंगे

1 तृप्ति

क्यों-कर दिखाई देवे कोई शरर[1] हमारा
अन्दर की आग पर है रक़्स-ए-दिगर हमारा
1 चिंगारी, आग

तस्लीम[1] कीजिए हक़ उस शख़्स पर हमारा
वो आ'म है तो होगा है ख़ास कर हमारा
1 स्वीकार

फ़ुर्सत नहीं है याराँ दिल की तरफ़ से हमको
उस पाएँ बाग़ में है सैर-ओ-सफ़र हमारा

तुझ घर के रास्ते में हम अपने मुन्तज़िर थे
ऐ काश इस तरफ़ से होता गुज़र हमारा

हम ख़ाक[1] पर रहेंगे या चाक पर रहेंगे
क्या फ़ैस्ला किया है ऐ कूज़ागर[2] हमारा
1 मिट्टी 2 कुम्हार

जब रात की सियाही पेड़ों पे गिर रही थी
जंगल से हो रहा था उस दम गुज़र हमारा

हम देख कर किसी को दरिया में कूद जाएँ
इतना भी हक़ नहीं क्या उस शख़्स पर हमारा

मिट्टी को घोलने में ख़ुद घुल रहा है या'नी
तौसीअ'[1] चाहता है दस्त-ए-हुनर हमारा
1 फैलाव

नेज़े[1] की नोक से वो मिट्टी में ढूँडते हैं
मिलता नहीं है उनको मक़्तल में सर हमारा
1 बर्छी 2 वध-स्थल

जब बन गया तो उसकी दुनिया मिसाल देगी
ता'मीर[1] हो रहा है मल्बे से घर हमारा
1 निर्माण

उसको खुरच रहे हैं पत्थर पे काई जैसे
पैरों पे जम गया है शौक़-ए-सफ़र हमारा

दोनों तरफ़ से हम तो मज्बूर हो गए हैं
कोई इधर हमारा कोई उधर हमारा

इक दूसरे से जैसे पैवन्द हो गए हों
रक्खा है हाथ कब से उस हाथ पर हमारा

अब चौक में पड़े हैं हम जंगली कबूतर
ग़ुर्फ़े की जालियों में होता था घर हमारा

इक दिन खुलेगा हम पर गन्जीना-ए-मआ'नी
कश्कोल[1] तोड़ देगा दस्त-ए-हुनर हमारा

1 भिक्षा-पात्र

मुँह मोड़ लें तो दुनिया, दुनिया नहीं रहेगी
देखा नहीं है उसने सर्फ़-ए-नज़र[1] हमारा

1 अनदेखी करना

अब अपने पाँव अपने दिल पर पड़ेंगे 'ताबिश'
अन्दर की सम्त[1] होगा अगला सफ़र हमारा

1 ओर

मैं उसकी नामुरादी[1] को ग़म-ए-हासिल समझता हूँ
जिसे मन्ज़िल नहीं मिलती उसे मन्ज़िल समझता हूँ
1 मायूसी

मैं अपनी बात से फिरता नहीं ख़न्जर के फिरने तक
जिसे क़ातिल समझता हूँ उसे क़ातिल समझता हूँ

तमाँचे एक दो मेरी तरफ़ से भी मिरे मुंह पर
कि ख़ुद को आज कल मैं भी इसी क़ाबिल समझता हूँ

तुम आए हो मगर मुझ पर गिरानी का ये आ'लम[1] है
तुम्हारे हाथ को सीने पे रक्खी सिल[2] समझता हूँ
1 हालत 2 पत्थर

मुझे उम्मीद है पानी मिरे घर तक न आएगा
शिगाफ़ों[1] पर रखे हाथों को मैं साहिल[2] समझता हूँ
1 दराड़ों 2 दरिया का किनारा

अगरचे ये असर-अन्दाज़ होती है मिरे घर पर
मगर मैं उस उदासी को ग़िज़ा-ए-दिल समझता हूँ

तो क्या ऐ शख़्स तेरी जुस्तुजू[1] से थक चुका हूँ मैं
कि तू हासिल नहीं लेकिन तुझे हासिल समझता हूँ
1 तलाश

हम जुड़े रहते थे आबाद मकानों की तरह
अब ये बातें हमें लगती हैं फ़सानों[1] की तरह
1 कहानी

प्यास में घुलते हुए बाग़ का क्या पूछते हो
शाख़[1] से फूल निकलते हैं ज़बानों की तरह
1 पेड़ की डाल

मैं तो इस शहर में रुकने के लिए आया था
लेकिन इस शहर के रस्ते हैं ढलानों की तरह

रात को देर से लौटूँ तो मुहल्ले के मकान
घूरते हैं मुझे दुश्मन के ठिकानों की तरह

माँ के होते कभी सोचा ही नहीं था 'ताबिश'
घर बिखर जाएगा तस्बीह[1] के दानों की तरह
1 जाप माला

हर एक हाथ में पत्थर है क्या किया जाए
ये आईने का मुक़द्दर[1] है क्या किया जाए

1 भाग्य

मैं जिसके हिज्र[1] से महज़ूज़[2] होना चाहता हूँ
मुझे वो शख़्स मयस्सर है क्या किया जाए

1 विरह 2 ख़ुश

ये तेरा हाथ नहीं है हमारे शाने[1] पर
कोई निढाल कबूतर है क्या किया जाए

1 कंधा

मिरा गवाह नहीं बनता अन्दरून मिरा
यही मुआ'मला बाहर है क्या किया जाए

तुम्हारा शह्र तो आ'दी है झूट सुनने का
हमारे हाथ में साग़र[1] है क्या किया जाए

1 शराब का प्याला

ये उस पे है मुझे कितना लहू-लहू[1] करेगा
उसी ने ज़ख़्म दिए हैं वहीं रफ़ू करेगा
1 ख़ून

मैं इस ख़याल से तालाब छोड़ देता हूँ
कि मेरे बा'द परिन्दा यहाँ वज़ू करेगा

मैं इस उम्मीद पे दिन भर लकीर खींचता हूँ
कि चाँद निकलेगा और इसको आब-जू[1] करेगा
1 नदी

तिरे सिवा कोई होता तो उससे कहते हम
हमारा काम है तुझसे लिहाज़ा तू करेगा

ये कोई फूल नहीं है कि शाख़ पर आए
मियाँ ये हिज्र[1] है रुख़्सार[2] में नुमू करेगा
1 विरह 2 गाल

मिट्टी-मिट्टी हो कर भी वो आँखों में भर आते हैं
कोह-ए-निदा[1] को जाने वाले लोग पलट कर आते हैं
1 एक दास्तानी पहाड़ जो लोगों को बुलाता है

उनमें सरायत[1] कर जाता है यूँ मेरा पत्थरीलापन
अब रुख़्सारों के बदले हाथों में पत्थर आते हैं
1 प्रवेश करना

क्या मेरी तन्हाई ने हर दोस्त को तन्हा कर डाला
वो जो कभी मिलते ही न थे वो मिलने अक्सर आते हैं

उन मेहमानों की ख़ातिर दहलीज़[1] पे बैठा रहता हूँ
मेरे घर में रिज़्क़[2] आता है और कबूतर आते हैं
1 चौखट 2 जीविका, रोज़ी

और ही दुनिया की ख़ुश्बू आती है मेरे ज़ख़्मों से
शाम तिरे नोकीले पंजे किसको छू कर आते हैं

नाता तोड़ने वालो तुमसे जंग नहीं करने के हम
तुम बैठो हम शे'ब-ए-अबी-तालिब से होकर आते हैं

कुछ इसलिए भी हमारा निशाना बनता है
हमारे सामने आकर ज़माना बनता है

हमारे जिस्मों की ईंटें लगाई जाती हैं
हमें ठिकाने लगा कर ठिकाना बनता है

मिरी सज़ा भी यही है मिरी जज़ा[1] भी यही
दुखी न हो कि मिरा दिल दुखाना बनता है
1 बदला

बहिश्त-ए-बोसा[1] अगर तुझसे माँगते हैं हम
हम अह्ल-ए-इ'श्क़ का यह मेहनताना बनता है
1 चुंबन का स्वर्ग

करें हिसाब तो फिर क़ैस का ज़माना भी
हमारी दर-ब-दरी[1] का ज़माना बनता है
1 भटकना

हवाला देता है मज्नूँ सफ़ेद बालों का
पुराना है नहीं जितना पुराना बनता है

कि जैसे शाख़ पे फूल और आस्मान पे चाँद
किसी ने आना हो ऐसे तो आना बनता है

बनाने वाले किसी दिन बना भी दे उसको
तिरे हुज़ूर कोई पंचगाना बनता है

अब के मुम्किन है वो चादर ही फ़राहम[1] हो जाए
सर पे बाँधूँ तो कफ़न खोलूँ तो परचम हो जाए

1 उपलब्ध

फिर समझना कि मुझे इ'श्क़ नहीं है तुझसे
तेरे मिलने से अगर तेरी कमी कम हो जाए

इतनी शिद्दत से मिरे ज़ख़्म के बारे में न सोच
यूँ न हो घुल के तिरा हाथ ही मरहम हो जाए

अपने ग़ुस्से को अगर ज़ब्त मैं कर लूँ 'ताबिश'
मेरी मुट्ठी में जो पत्थर है वो नीलम हो हाए

गुज़र रही है उदासी की शाम काग़ज़ पर
मैं आज रात करूँगा क़याम काग़ज़ पर

मैं लिखना चाहता हूँ और ये भी चाहता हूँ
कि हो न जाए मिरा दुख तमाम काग़ज़ पर

तुम्हारी याद भी क्या है कि शाम पड़ते ही
पड़ाव करती है दिल में ख़िराम काग़ज़ पर

बहुत दिनों से इधर तितलियाँ न आती थीं
मैं लिख के बैठ गया उसका नाम काग़ज़ पर

ये मैं जो तुझसे तलब कर रहा हूँ शहपर-ए-नूर
मैं तिरी बात न लिक्खूँगा आ'म काग़ज़ पर

कभी तो दे उसे शफ़्फ़ाफ़[1] पानियों का मक़ाम
कभी तो आ मिरे माह-ए-तमाम काग़ज़ पर

1 स्वच्छ

ये मिस्रा'-मिस्रा' उदासी उतर रही है यहाँ
कि अपने पंख गिराती है शाम काग़ज़ पर

मैं जब भी हर्फ़ की हुज्जत[1] तमाम करने लगा
सुकूत[2] पेड़ में छुप कर कलाम करने लगा
1 झगड़ा, बहस 2 शान्ति

यही तो मुझसे ग़लत हो गया मोहब्बत में
बनी न बात तो मैं एहतिमाम करने लगा

गुरेज़ करते हुए उसके जी में क्या आई
कि एक दिन वो मिरा एहतिराम करने लगा

यहाँ तो क़ब्रें हैं क़ब्रों के सर नहीं होते
तू अपनी तेग़[1] कहाँ बे-नियाम करने लगा
1 तल्वार

ख़ुद को बेशक मिरे आ'साब[1] पे तारी न समझ
लेकिन ऐ इ'श्क़ मुझे इ'श्क़ से आ'री[2] न समझ

1 अ'सब का बहुवचन पुट्ठे, स्नायु 2 वंचित, ख़ाली

तुझसे माँगा है ज़रूरत के अ'लावा तुझको
तू मुझे दोस्त समझ दोस्त भिकारी न समझ

सग[1]-ए-आवारा की आवाज़ में आवाज़ मिला
रात को रात समझ वक़्त-गुज़ारी न समझ

1 कुत्ता

मैं गुज़र जाऊँगा मक़्तल से बगूले की तरह
तू मिरे रक़्स[2] को ज़ालिम मिरी बारी न समझ

1 वध-स्थल 2 नाच, नृत्य

हमें ही दर-ब-दरी[1] को बचाना पड़ता है
वगर्ना राह में क्या क्या ठिकाना पड़ता है
1 भटकना

मुआ'फ़ी चाहता हूँ साहिबान-ए-दश्त-ओ-दिल
तुम्हें पता है मुझे घर भी जाना पड़ता है

ये लोग और तरह बात ही नहीं सुनते
मैं क्या करूँ मुझे मज्मा'[1] लगाना पड़ता है
1 भीड़

मैं इसलिए भी तिरे शह्र में नहीं आता
क़दम-क़दम पे तआ'रुफ़[1] कराना पड़ता है
1 परिचय

जमाल-ए-यार मोहब्बत के इन्तिक़ाम[1] से बच
तुझे पता नहीं वा'दा निभाना पड़ता है
1 बदला

जिन्दगी उसकी सर-ए-दश्त[1] बसर हो जाए
जो तुझे ढूँडने निकले वो शजर[2] हो जाए
1 वीराने में 2 पेड़

ऐ'न मुम्किन है उभर आए सितारा ऐसा
रात के पंख झड़ें और सहर[1] हो जाए
1 सुब्ह

मेरी कोशिश है कि मैं दिल न दुखाऊँ तेरा
फिर भी ऐ दोस्त कोई बात अगर हो जाए

मैं कभी ज़िन्दगी कह कर न पुकारूँगा तुझे
ज़िन्दगी कहते हैं उसको जो बसर हो जाए

जिस तरह प्यास में रोता हुआ बच्चा कोई
खिलखिला उठता हूँ जब मिस्रा-ए'-तर[1] हो जाए
1 ताज़ा

इसमें आबाद परिन्दों की दुआ' है 'ताबिश'
ये किराए का मकाँ ही मिरा घर हो जाए

जो भी मिन-जुम्ला-ए-अश्जार नहीं हो सकता
कुछ भी हो जाए मिरा यार नहीं हो सकता

इक मोहब्बत तो कई बार भी हो सकती है
एक ही शख़्स कई बार नहीं हो सकता

जिससे पूछें तिरे बारे में यही कहता है
ख़ूबसूरत है वफ़ादार नहीं हो सकता

हमने चुप रह के जो एक साथ बिताया हुआ है
वो ज़माना मिरी आवाज़ में आया हुआ है

ग़ैर-मानूस सी ख़ुश्बू से लगा है मुझको
तूने ये हाथ कहीं और मिलाया हुआ है

मैं उसे देख के लौटा हूँ तो क्या देखता हूँ
शह्र का शह्र मुझे देखने आया हुआ है

देखें हमें जो शोर ज़रूरी समझते हैं
चुप भी हैं और बात भी पूरी समझते हैं

अश्कों[1] को दर्मियान में लाए बग़ैर हम
हैरत है हाज़िरी को हुज़ूरी समझते हैं

1 आँसू

दुनिया तो अपने होने की जो भी दलील दे
हम लोग उसको ग़ैर-ज़रूरी समझते हैं

तन्हा शे’र

हिज्र[1] को हौस्ला और वस्ल[2] को फ़ुर्सत दरकार
इक मोहब्बत के लिए एक जवानी कम है

1 विरह 2 मिलन

ये बात सच है कि उसको भुला दिया मैंने
मगर यक़ीं मुझे इस बात पर नहीं आता

आँखों तक आ सकी ना कभी आँसुओं की लहर
ये क़ाफ़िला भी नक़्ल-ए-मकानी में खो गया

ख़त्म होती ही नहीं गिर्या-ओ-ज़ारी[1] उनकी
मीर ने हाथ तो हर लफ़्ज़[2] के सर पर रखा

1 रोना-धोना 2 शब्द

अ'जीब पेड़ हैं इनको हया नहीं आती
हमारे सामने कपड़े बदलने लगते हैं

इसको मुद्दत से कोई क़ैस[1] नहीं मिलता था
मेरी दहलीज़[2] पे सहरा को ज़रूरत लाई

1 मज्नूँ का असली नाम, लैला का प्रेमी 2 चौखट

मसरूफ़[1] हैं कुछ इतने कि हम कार-ए-मोहब्बत
आग़ाज़[2] तो कर लेते हैं अन्जाम नहीं करते

1 व्यस्त 2 आरंभ

पहले तो हम छान आए ख़ाक[1] सारे शहर की
तब कहीं जा कर खुला उसका मकाँ है सामने

1 मिट्टी

कोई तो हो कि जिससे गले मिल के रोएँ हम
गर तुम नहीं तो घर के दर-ओ-बाम ही सही

वो आँख कैसे हलाकत[1] में डाल सकती है
यही मैं सोच रहा था कि तीर छेद गया

1 मौत

रात को जब याद आए ख़ूश्बू-ए-क़बा
तेरे क़िस्से छेड़ते हैं रात की रानी से हम

बैठे रहने से तो लौ देते नहीं ये जिस्म-ओ-जाँ
जुगनुओं की चाल चलिए रौशनी बन जाइए

ख़्वाहिश-ए-वस्ल[1] सर-ए-दीदा-ए-नम[2] रह जाए
इस तरह मुझसे बिछड़ मेरा भरम रह जाए

1 मिलन की इच्छा 2 भीगी आँख

उसे ना मिलने से ख़ुश-फ़हमियाँ तो रहती हैं
मैं क्या करूँगा जो इन्कार कर दिया उसने

दुख हुआ आज देखकर उसको
वो तो वैसा ही ख़ूबसूरत है

ये तेरा ध्यान किसी वक़्त काम आएगा
अभी लपेट के रखा है बादबाँ[1] की तरह

1 जहाज़ चलाने वाला पर्दा

पस-ए-ग़ुबार[1] भी उड़ता ग़ुबार अपना था
तिरे बहाने हमें इन्तिज़ार अपना था

1 ग़ुबार की पीछे

सुकूत[1]-ए-दह्‌र[2] रगों में उतर गया होता
अगर मैं शे'र ना कहता तो मर गया होता

1 ख़ामोशी, सन्नाटा 2 संसार

अंगारा सी ज़मीं पे पड़े ही थे दिल के पाँव
'ताबिश' किसी ने बढ़के ये बच्चा उठा लिया

मेरे आँसू मेरे ही अन्दर गिरे
रोने से जी और हल्का हो गया

इस क़दर शफ़्फ़ाफ़[1] कर देगी ये तन्हाई मुझे
देखने वालों को तो मुझमें नज़र आ जाएगा

1 पारदर्शी

झोंके के साथ छत गई दस्तक[1] के साथ दर गया
ताज़ा हवा के शौक़ में मेरा तो सारा घर गया

1 खटखटाना

सिसक रही है अगर बात लफ़्ज़[1] के नीचे
तो ऐसा करते हैं पत्थर हटा के देखते हैं

1 शब्द

बाज़ार जा के भी ना भुला पाया मैं उसे
याद आया वो मुझे मरी औक़ात की तरह

मोहब्बत का मरज़ तो उसने लाहक़[1] कर दिया हमको
मगर हस्ब-ए-ज़रूरत[2] मुब्तला[3] होने नहीं देता

1 लागू होना 2 आवश्यक्तानुसार 3 ग्रस्त

तू जो हर बात पे देता है परिन्दों की मिसाल
इसका मतलब है तिरे शह्र से हिज्रत कीजे

इक सदा[1] आई झरोके से कि तुम कैसे हो
फिर मुझे लौट के जाने में बड़ी देर लगी

1 आवाज़

बोलता हूँ तो मिरे होंठ झुलस जाते हैं
इसको ये बात बताने में बड़ी देर लगी

इक परिन्दे ने मुझे अब ये नसीहत[1] की है
लौट कर आया नहीं जिसने भी हिज्रत[2] की है

1 उपदेश, सीख, सलाह 2 अपना देश छोड़ कर जाना, प्रवास

इ'श्क़ करके भी खुल नहीं पाया
तेरा मेरा मुआ'मला क्या है

इस दिल को तसल्ली हुई दिल-गीर से लग कर
कल रात मैं रोया हूँ बहुत मीर से लग कर

अब इससे अगला सफ़र हमारा लहू करेगा
कि हम मदीने से कर्बला तक पहुँच गए हैं

मोहब्बत एक दम दुख का मुदावा[1] कर नहीं सकती
ये तितली बैठती है ज़ख़्म पर आहिस्ता-आहिस्ता

1 इ'लाज

मेरी तन्हाई उसे अपना बना कर ले गई
और मैं उससे बिछड़ जाने के डर में रह गया

अब तो जैसे इ'श्क़ करना नौकरी करना हुआ
पूछते हैं इसमें कितना तज्रबा रखता हूँ मैं

हिज्र[1] को हौस्ला और वस्ल[2] को फ़ुर्सत दरकार
इक मोहब्बत के लिए एक जवानी कम है

1 विरह 2 मिलन

क्या कहूँ उसने तुझे कितना हसीं पैदा किया
तुझको पैदा करके फिर तुझ सा नहीं पैदा किया

दिल की ज़िद थी कि उसे दूर से चाहा जाए
और तन्हाई उसे हाथ लगा भी आई

ये जो है फूल हथेली पे उसे फूल न जान
मेरा दिल जिस्म से बाहर भी तो हो सकता है

कहाँ की ज़िन्दगी हमको तो शर्म मार गई
कि तेरी चीज़ है और तेरे नाम करते हैं

इस ज़माने में तो इतना भी ग़नीमत है मियाँ
कोई बाहर से भी दरवेश अगर लगता है

रात कमरे में न था मेरे अ'लावा कोई
मैंने इस ख़ौफ़[1] से ख़न्जर न सिरहाने रखा

1 डर

एक मुद्दत से मिरी माँ नहीं सोई 'ताबिश'
मैंने इक बार कहा था मुझे डर लगता है

BOOKS

रेख़्ता बुक्स के प्रकाशन

देवनागरी

1. क़श्क़ा खींचा दैर में बैठा — फ़रहत एहसास
2. अब मैं अक्सर मैं नहीं रहता — अनवर शुऊ'र
3. मौसम इतना सर्द नहीं था — ज़ुल्फ़िक़ार आ'दिल
4. खिड़की तो मैंने खोल ही ली — शारिक़ कैफ़ी
5. ग़ज़ल उसने छेड़ी (खंड 1,2,3,4,5,6) — संकलनः फ़रहत एहसास
6. गुलदस्ता-ए-क़व्वाली (खंड 1,2) — संकलनः सुमन मिश्र
7. सुब्ह-बख़ैर ज़िन्दगी — अमीर इमाम
8. अकेलेपन की इन्तिहा — जमाल एहसानी
9. सभी रंग तुम्हारे निकले — सालिम सलीम
10. तिरी सदा का इन्तिज़ार — ख़लीलुर्रहमान आ'ज़मी
11. इक शाम तुम्हारे हिस्से की — काशिफ़ ग़ाइर
12. रौशनी जारी करो — मनीष शुक्ला
13. लिफ़ाफ़े में रौशनी — मोहम्मद अ'ल्वी
14. होशियारी दिल-ए-नादान बहुत करता है — इ'रफ़ान सिद्दीक़ी
15. मिट्टी की सुंदरता देखो — सर्वत हुसैन
16. रेख़्ता उर्दू लर्निंग गाइड (अंग्रेज़ी, हिन्दी) — प्रो० अब्दुर रशीद
17. आख़िरी इ'श्क़ सबसे पहले किया — नो'मान शौक़
18. शाम के बा'द कुछ नहीं — शाहीन अ'ब्बास
19. गुलशन (उर्दू, देवनागरी) — मुज़्तर ख़ैराबादी
20. मोहब्बत जब नहीं होगी — आफ़्ताब हुसैन
21. किताब गुमराह कर रही है — शहराम सरमदी
22. जिस्म का बर्तन सर्द पड़ा है — अमीर हमज़ा साक़िब
23. ग़ज़ल का शोर — ज़फ़र इक़बाल
24. क़ाफ़िला-ए-नौ-बहार — संकलनः विकास शर्मा 'राज़'

25. मौजूद की निस्बत से	महेन्द्र कुमार सानी
26. दुख नए कपड़े बदल कर	शारिक़ कैफ़ी
27. लफ़्ज महफ़ूज़ कर लिए जाएँ	आ'सिम वास्ती
28. मोहब्बत करके देखो ना...	फ़रहत एहसास
29. उदासी बाल खोले सो रही है	नासिर काज़मी
30. मुझ पर मेरा साया पड़ गया	भारत भूषण पंत
31. रेख़्ता के ज़ौक़	संकलनः फ़रहत एहसास
32. रेख़्ता के दाग़	संकलनः फ़रहत एहसास
33. इ'श्क़	मोई'द रशीदी
34. फिर मुझे नींद आ गई	रईस फ़रोग़
35. हिज्र की दूसरी दवा	फ़हमी बदायूनी
36. 100 शाइ'र 100 ग़ज़लें	संकलनः फ़रहत एहसास
37. उदास लोगों का होना बहुत ज़रूरी है	तर्कश प्रदीप
38. रेख़्ता के नज़ीर	संकलनः फ़रहत एहसास
39. लॉकडाउन के दौरान मौत का ज़िन्दगी-नामा	प्रज्ञा शर्मा
40. गंजे फ़रिश्ते	सआ'दत हसन मंटो
41. मौत की किताब (नॉवेल)	ख़ालिद जावेद
42. सूरजमुखी का फूल	दिलावर अ'ली आज़र
43. ख़ामुशी रास्ता निकालेगी	धीरेन्द्र सिंह फ़य्याज़
44. रेख़्ता के मोमिन	संकलनः फ़रहत एहसास
45. रेख़्ता के आतिश	संकलनः फ़रहत एहसास
46. हमसे क्या हो सका मोहब्बत में	फ़िराक़ गोरखपुरी
47. शीशा-घर में तोड़-फोड़	संकलन: डॉ. मज़हर अहमद
48. रेख़्ता के इन्शा	संकलनः फ़रहत एहसास
49. अगर मैं शे'र न कहता	अ'ब्बास ताबिश
50. नुमाइन्दा कहानियाँ मंटो	सआ'दत हसन मंटो
51. नुमाइन्दा कहानियाँ प्रेमचंद	प्रेमचंद
52. नुमाइन्दा कहानियाँ राजिंदर सिंह बेदी	राजिंदर सिंह बेदी
53. उलट-पुलट का रोज़नामचा	पतरस बुख़ारी
54. नुमाइन्दा कहानियाँ कृष्ण चंदर	कृष्ण चंदर

55. उर्दू की प्रसिद्ध कहानियाँ	संकलनः राहुल झा
56. रंगों की मनमानी	वसीम नादिर
57. एक दिया और एक फूल	इ'शरत आफ़रीन

उर्दू

1. औराक़-ए-ख़िज़ानी	अहमद मुश्ताक़
2. आख़िरी पहर की दस्तक	शमीम हनफ़ी
3. वाहिमा वजूद का	सालिम सलीम
4. गुलशन	मुज़्तर ख़ैराबादी
5. आख़िरी किनारे पर	मोई'द रशीदी

अंग्रेज़ी

1. दीवान-ए-ग़ालिब : सरीर-ए-ख़ामा	नजीब जंग
2. लव लॉन्गिंग लॉस इन उर्दू पोएट्री	संजीव सराफ़

संपर्क

रेख़्ता फ़ाउन्डेशन

बी-37, सेक्टर – 1

नोएडा, यू.पी. – 201301